FX デイトレードのすごコツ80

二階堂重人 SHIGETO NIKAIDOU

すばる舎

はじめに

私はトレード歴が二十数年です。

初めは株トレードだけをしていました。その後、ＦＸも始めるようになりました。

ＦＸを始めた頃はすでに株トレードで利益を出せるようになっていました。

そのため、「ＦＸでもすぐに稼げるようになるだろう」と思っていました。

しかし、トレード環境や値動きが違うことから、なかなか稼げるようになりませんでした。

株の場合、「板」で取引所に出ている注文を見ることができます。デイトレでは、その板を見ながら優位性があるときに株を買うことができます。

しかし、ＦＸでは「板」のようなものがないので、注文状況から優位性を見極めることができませんでした。

また、株価と為替レートでは動き方がかなり違うので、株トレードで利益が出る方法をアレンジして使っても、利益を出すことができませんでした。大きな損はしませんでしたが、トレードをすればするだけスプレッド分が損失となって積み上がっていきました。

それでも、トレード経験を積み重ね、また、研究を続けていくうちに、稼げるようになりました。

「こうすれば勝ちやすい」

というコツがわかってきました。

本書は、その「コツ」をまとめたものです。「勝つコツ」「負けにくいコツ」を実践するのとしないのとでは、トレードの収支は大きく変わってきます。

ぜひ、本書で「コツ」をつかみ、ＦＸで継続して勝てるようになってください。

二階堂重人

目次

第1章 トレード基本編

すごコツ

第2章 上位足チャート編

第3章 リスク管理編

すごコツ

第4章 スキルアップ編

すごコツ

第5章 思考編

すごコツ

第1章

トレード基本編

すごコツ 01

障害物に注意する

FXのトレードでは、「障害物」に注意しています。

この場合の障害物とは、レートの進行の妨げとなるもののことです。

障害物はいくつかあります。

主なものは以下の2つです。

①多くのトレーダーが意識している高値や安値
②多くのトレーダーが意識している移動平均線

レートはこれらの障害物のところで止まったり、反転することがよくあります。

そのため、これらの障害物の手前ではエントリーしないようにしましょう。

たとえば、レートが上昇トレンドだとします。ロング（買い）でエントリーするタイミングを待っています。

「ここでエントリーしよう」と思ったとき、すぐ上に「多くのトレーダーが意識していそうな高値のライン」があれば、エントリーしないで様子を見ます。レートがそのラインのところで反落する可能性があるからです。

エントリーするのであれば、レートがこの高値のラインを超えてからにしましょう。そのほうがリスクを抑えることができるからです。

このように、障害物の手前ではエントリーしないで様子を見る。障害物を超えてからエントリーします。

POINT ポイント

多くのトレーダーが意識している高値・安値や移動平均線に注意しながらトレードをする。

すごコツ 02

ラウンドナンバーを意識する

高値や安値に引いたホリゾンタルライン（水平の線）を意識する人は多いようですが、ラウンドナンバーを意識する人は意外と少ないようです。

ラウンドナンバーとは「キリ番」のことです。レートの「00」や「50」です。

米ドル円やクロス円では「50銭」。

ドルストレートでは「0・005ドル」。

重要な高値や安値に引いたホリゾンタルラインほどではありませんが、レートはラウンドナンバーで反応することが多いです。

止まったり、揉み合いになったり、反転したり。

ラインぴったりで、ということは少ないのですが、ライン近辺で反応することは多いです。

そのため、チャートを見るときはラウンドナンバーを意識しましょう。

よくあるのが、ラウンドナンバー近辺での「攻防」です。ロング勢とショート勢による攻防。

一時的にもみ合いになります。そして、攻防の決着がついて、レートが上か下のどちらかに抜けていきます。その抜けた方向についていくようにエントリーすると上手くいくことが多いです。

POINT ポイント

レートはラウンドナンバーのところで反応することがよくあるので、ラウンドナンバーを意識する。

すごコツ 03

レートが上がりにくいところや下がりにくいところでエントリーする

トレードでは、「レートが上がりやすいところや下がりやすいところでエントリーする」ということがとても大切です。

レートが上がりやすいところでロングでエントリーすれば、利益の出る確率が高くなります。同様に、レートが下がりやすいところでショート（売り）でエントリーすれば、利益の出る確率が高くなります。

そして、これと同じくらい大切なのが、「レートが上がりにくいところや下がりにくいところでエントリーする」ということです。

先に述べたことと、何だか矛盾しているように思えます。もう少しわかりやすく説明すると、以下のようになります。

- **レートが上がりにくいところでショートでエントリーする**
- **レートが下がりにくいところでロングでエントリーする**

たとえば、強いレジスタンスライン（抵抗線）があるとします。そのラインのすぐ下は「レートが上がりにくいところ」といえます。こういったところでショートでエントリーするということです。

同様に、強いサポートライン（支持線）があるとします。そのラインのすぐ上は「レートが下がりにくいところ」といえます。こういったところでロングでエントリーするということです。

トレードでは「儲けること」も大切なのですが、それと同じくらいに「損をしないこと」も大切です。損をする確率が低いところでエントリーすることも大切になるわけです。

POINT
ポイント

レートが上がりにくいところでショートでエントリーする。
レートが下がりにくいところでロングでエントリーする。

すごコツ 04

順張りをメインにする

順張りと逆張りではどちらのほうがよいのか。

これについて、SNSでトレーダー個人の見解を目にすることがあります。順張りとはレートの流れに合わせてエントリーするスタイルです。逆張りとはレートの流れに逆らってエントリーするスタイルです。

私の意見ですが、どちらでもいいと思います。儲かればよいので。

私の場合は、順張りでエントリーすることが多いです。比率でいうと、順張りが9割、逆張りが1割、といったところでしょうか。

以前は、順張りが6割、逆張りが4割ぐらいでした。

手法を改良することによって、順張りをメインにしました。

すると、トレードの勝率や収支に大きな変化がありました。

勝率がグッと高くなり、収支も大きく伸びました。

スキャルピング（超短期取引）や20pips（ピップス：各通貨におけるレート変動の最小単位）程度の値幅を狙うデイトレでは、短期的な流れに合わせてエントリーし、サッと利益を得るスタイルのほうが稼ぎやすいようです。

もし、逆張りの比率が多くて稼げていない方は、一度、順張りをメインにしてトレードしてみてください。それだけで収支が改善する可能性があります。

POINT
ポイント

逆張りの比率が多くて稼げていない場合は、一度、順張りをメインにしてトレードしてみる。

すごコツ 05

逆張りでエントリーするときは必ず反転しそうなポイントですること

先にも述べた通り、私は順張りをメインにしてトレードをしています。

逆張りでエントリーするのは以下のところです。

①多くのトレーダーが意識していそうな高値や安値
②上位足のヒゲの価格帯
③多くのトレーダーが意識していそうな移動平均線

この3つだけです。

①多くのトレーダーが意識していそうな高値や安値

レートの高値や安値は多くのトレーダーが意識しています。高値や安値で反転することもよくあります。

そのため、多くのトレーダーが意識していそうな高値や安値では逆張りでエントリーすることもあります。

②上位足のヒゲの価格帯

レートは上位足のヒゲの価格帯で反転することがよくあります。

上位足の上ヒゲの価格帯で反落したり、上位足の下ヒゲの価格帯で反発したり、ということがあるので、逆張りでエントリーすることもあります。

③多くのトレーダーが意識していそうな移動平均線

レートは移動平均線で反転することがよくあります。

そのため、上位足の移動平均線で反落したり、上位足の移動平均線で反発したり、ということがあるので、逆張りでエントリーすることもあります。

逆張りでエントリーするときは、必ず反転しそうなポイントでするようにしましょう。

POINT
ポイント

逆張りでのエントリーは、レートが反転しそうな根拠があるところでしかしない。

すごコツ 06

損小利大のトレードを心掛ける

ＦＸでは損小利大のトレードを心掛けることが大切です。

損小利大とは、「損失は小さく、利益は大きく」ということです。負けるときは小さく負けて、勝つときは大きく勝つ。

たとえば、「負けるときは20pips、勝つときは50pips」というようなトレードです。

損小利大の大切さについては多くのトレーダーがいっています。ブログやツイッターで読んだ方もいることでしょう。

私は日々トレードをしていて、損小利大の大切さを感じています。

「損小利大のトレードを心がけているから、ほぼ毎日利益を得られる」とさえ思っています。

実際、損小利大のトレードをするようになってから、ＦＸによる収益が安定してきました。

初めのうちは、含み損が出たときも小さな値幅でロスカットしていたのですが、含み益が出たときはもっと小さな値幅で利益を確定していました。そのため、勝率はそこそこ高いのですが、なかなか利益が伸びませんでした。少し大きな損失が出てしまうと、勝率が高いのにマイナスになることもありました。

損小利大のトレードをするようになってからは、負ける日が少なくなりました。そして、大きく勝てる日が月に数日あるようになりました。

もし、読者の中に損小利大のトレードをしていない方がいたら、小さなロットでもかまわないので試してみてください。たったこれだけのことで、トレードの収支が改善される可能性があります。

POINT
ポイント

「損失は小さく、利益は大きく」というトレードを心掛ける。

すごコツ 07

レートの波に乗って利益を狙う

ＦＸのデイトレでは「波乗りトレード」をしています。

波乗りトレードとは、その名の通り、レートの波に乗って利益を狙うトレードです。

レートの動きには波があります。

安値⇒次の高値⇒次の安値……というように安値と高値を線で結んでいきます。その線が「レートの波」になるわけです。

「上昇の波」と「下降の波」、それから「波がない」という状況もあります。

波があるのかないのか、あるとすれば、上昇の波なのか下降の波なのか。

これらを見極めてトレードしているわけです。

トレードするのは波があるときだけです。

上昇の波が継続しているようであれば、押し目買いか飛び乗り買いでエントリーします。

下降の波が継続しているようであれば、戻り売りか飛び乗り売りでエントリーします。

トレードスタイルはいろいろとありますが、私にはこの「波乗りトレード」が一番合っているようです。
トレードスタイルがまだ決まっていないという方は、一度試してみてください。

POINT
ポイント

上昇の波が継続しているようであれば、
押し目買いか飛び乗り買いでエントリーする。
下降の波が継続しているようであれば、
戻り売りか飛び乗り売りでエントリーする。

すごコツ 08

大きな利益を狙うのは2つの条件が揃ったときだけにする

私の場合、デイトレとスキャルピングをメインにしてトレードしています。

デイトレやスキャルピングで小さな利益が積み上がってきて精神的に余裕が出たら、大きな利益を狙うようにしています。

しかし、どのような状況でも大きな利益を狙うというわけではありません。

大きな利益を狙うのは、条件がいくつか揃ったときです。

その条件とは以下の２つです。

①狙う方向に節目が少ない（または節目がない）

②狙う方向に移動平均線が少ない（または移動平均線がない）

12ページで説明した「障害物」が少ないということです。

節目や移動平均線があると、そこでトレンドが転換する可能性があります。また、トレンドが転換しなくても、一時的に大きく反転することがあります。

そのため、狙う方向には節目や移動平均線が少ない状況のほうがよいわけです。

このような状況では、レートが進むに連れて、含み損を抱えた人がどんどんロスカットしてきます。結果として、レートが大きく進む可能性があるわけです。ここを狙っていきます。

POINT
ポイント

大きな利益を狙うのは「狙う方向に節目が少ない」「狙う方向に移動平均線が少ない」という2つの条件が揃ったときだけにする。

すごコツ 09

「誰が見てもトレンドが発生している状況」でエントリーする

どのような状況でエントリーすればよいのかわからない。

初心者の中にはこのような方も多いのではないでしょうか。

エントリーのタイミングは重要です。とくに、短期スパンのトレードではエントリーのタイミングで勝ち負けが決まってしまうといってもいいでしょう。

私の場合、トレンド（レートの傾向）がはっきりしている状況でエントリーすることが多いです。

「誰が見てもトレンドが発生している」
「誰が見ても上昇トレンドになっている」
「誰が見ても下降トレンドになっている」

このように、「誰が見ても」というのが大きなポイントになります。

レートのトレンドに対して、多くのトレーダーの認識が一致しているので、レートがその方向に動き出すと、多くのトレーダーが追随してエントリーしていきます。その結果、レートがトレンドの方向に抵抗なくサッと進みます。
ここを、順張りで狙っていきます。

POINT
ポイント

トレンドがはっきりしている状況でエントリーする。

すごコツ 10

ボラティリティの大きさを見極める

ＦＸは買値と売値の差額で利益を出すので、当然、レートの動きがなければ利益を出しにくいわけです。

そのため、ボラティリティ（価格変動の度合い）が大きい状況でトレードすることが大切です。とくに、デイトレスキャルピングなどの短い時間で利益を狙うトレードでは、ボラティリティがある状況だけに限定したほうがいいでしょう。

ボラティリティが大きいかどうかの見極め方はいろいろとありますが、私は以下の３つから見極めています。

①短期移動平均線の傾き
②ボリンジャーバンドの形
③ラウンドナンバーラインの本数

短期移動平均線の傾きを見ることで、ボラティリティがあるかどうかわかります。短期の移動平均線の傾きが急勾配であればボラティィリティが大きい、傾きが緩やかであったりほとんどなければボラティィリティが小さい。このようにわかるわけです。

ボリンジャーバンドの形を見ることでもボラティィリティがあるかどうかわかります。±2σ《シグマ》バンドの幅が狭ければボラティィリティが小さい、幅が広ければボラティィリティが大きい。このようにわかるわけです。

MT4（メタ・トレーダー4）などのトレードツールにラウンドナンバーのラインを表示しておくと、本数でそのときのボラティィリティがだいたいわかります。画面に表示されているラウンドナンバーのラインが1本ならボラティィリティが小さい、2本であればやや大きい、3本以上であればかなり大きい。このように一目でわかるわけです。

POINT
ポイント

ボラティィリティの大きさは「短期移動平均線の傾き」「ボリンジャーバンドの形」「ラウンドナンバーラインの本数」で見極める。

すごコツ 11

レンジではトレードしない

トレーダーの中には「レンジ（一定の値幅でレートが推移している状況）でのトレードが得意」「レンジでしかトレードしない」という方もいます。

「レンジの上限近辺でショート・エントリー」

「レンジの下限近辺でロング・エントリー」

このようなトレードを繰り返します。

レートがレンジ内で上下している間は、何回もトレードできます。

私は、基本的にレンジのところではトレードしません。

理由は、続けて負けることがあるからです。ロングでエントリーしたらレートが下がって負ける。その後すぐにショートでエントリーしたら、レートが上がって負ける。「往復ビンタ」といわれる負け方です。はっきりいって、レンジは苦手です。

もし、読者の方がレンジで続けて負けるようなことが多ければ、レンジでのトレードをやめたほうがいいでしょう。

わざわざ、苦手な局面でトレードする必要はありません。得意な局面だけですればよいわけです。

私はレンジでのトレードをやめてから勝率が上がりました。

POINT
ポイント

自分が苦手な局面を知り、その局面ではトレードしない。

すごコツ 12

レンジの見極めには「高値・安値」を使う

私はレンジでトレードしません。トレードするのはレートがレンジから抜け出してからです。

そのほうがトレードをしやすいし、儲けやすいです。

レンジの見極めには「高値・安値」を使います。

以下のような状況になればレンジです。

- **レートが押し安値と高値の間で推移している**
- **レートが戻り高値と安値の間で推移している**

「押し安値」と「戻り高値」については、以下の通りです。
押し安値……直近の高値を更新する起点となった安値のこと
戻り高値……直近の安値を更新する起点となった高値のこと
次ページの図を参考にしてください。
つまり、レンジは「レートが高値と安値の間から抜けられない状態」ということです。

レンジの状態

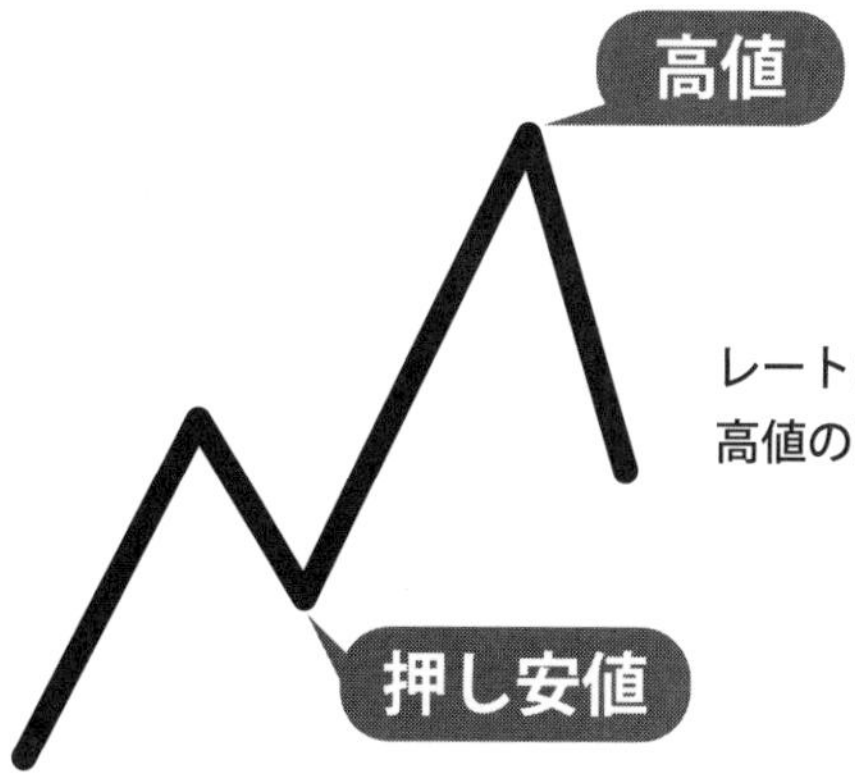

レートが押し安値と
高値の間で推移している

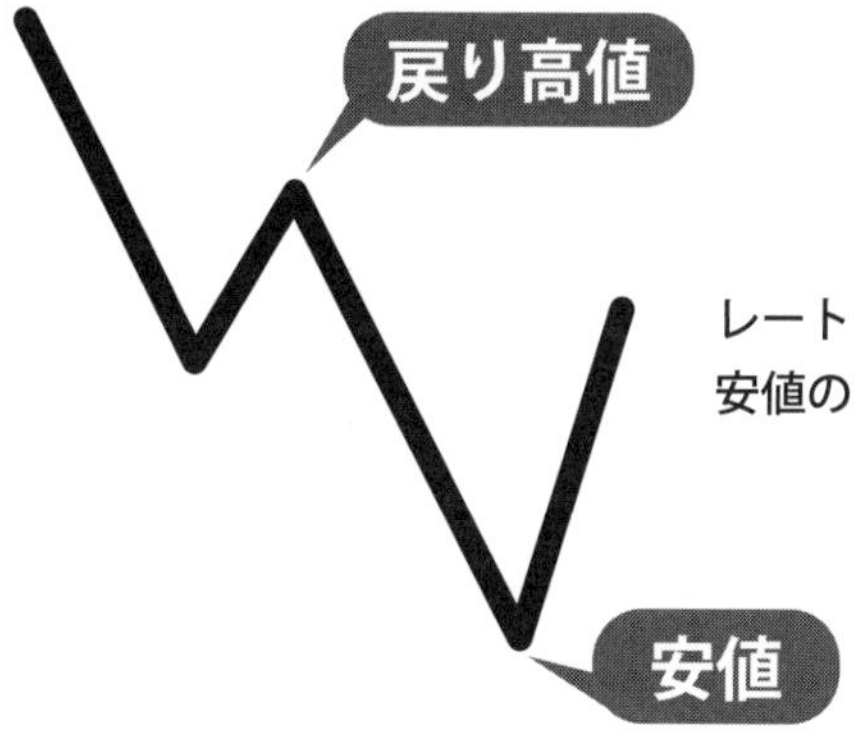

レートが戻り高値と
安値の間で推移している

前ページの図をよく理解した上で、実際のチャートでレンジになっているところを見極められるようにしましょう。

POINT
ポイント

レートがレンジから抜け出してからのほうがトレードがやりやすい。レンジかどうかは「ダウ理論によるトレンド分析」で見極める。

すごコツ 13

ポジションを持っているトレーダーがロスカットしそうなポイントを予測しておく

ポジションを持っているトレーダーがロスカットしそうなポイントを予測しておくことは大切です。

なぜなら、予測しておくことによって、エントリーのポイントがわかったり、損失を回避できたりするからです。

たとえば、ロングのポジションを持っているトレーダーがいかにもロスカットしそうなポイントがあったとします。

レートがそのポイントまでいけば、ロングのポジションが決済されます。売りが出てレートがさらに下がることが考えられます。

新規でエントリーするのであれば、ここでショートポジションを持てば利益が出る可能性が高くなります。

また、すでにロングのポジションを持っているのであれば、このポイント、またはこのポイントの少し上でロスカットしましょう。レートがこのポイントを下抜けてしまえば、さらにロスカットの注文が出てきて、レートがさらに下がってしまいます。その前に逃げておくわけです。

ロスカットのポイントは、チャートの形によって異なります。

主に「直近の高値」「直近の安値」です。

とくに、ダウ理論でトレンドが終わる高値や安値では、ロスカットの注文が集中するので、必ず頭に入れながらトレードしましょう。

POINT
ポイント

チャートの形から、ロングかショートのポジションを持っているトレーダーがロスカットしそうなポイントを予測する。

すごコツ 14

困っている人のロスカットを利用して利益を狙う

チャートを見るときは「今、誰が困っているのか」を考えるようにしています。

チャートを見て、ロングポジションを持っている人とショートポジションを持っている人、どちらが困っているのかがわかったら、それを利用してトレードをします。

困っている人のロスカット注文を利用して利益を狙うわけです。

たとえば、ロングのポジションを持っている人が困っているとします。レートが下がったことによって含み損が出て困っているわけです。

さらにレートが下がると、ロスカットしてくるでしょう。

このタイミングで、ショートでエントリーします。

さらにレートが下がると、それまで含み損に耐えていた人もロスカットしてくるでしょう。

ロングのポジションを決済するわけですから、レートが下がります。

こちらはショートのポジションを持っているわけですから、含み益が出ます。

レートが下がれば下がるほどロングのポジションを持っていた人はどんどん困り、ロスカットする人も増えてくるわけです。売りがまたレートを下げるわけです。

この流れで大きな利益を得られることがあります。

そのため、チャートを見て「今、誰が困っているのか」を考える。そして、困っている人のロスカットを利用して利益を狙いましょう。

POINT
ポイント

「ロングとショートのどちらのポジションを持っている人が困っているのか」を考えて、困っている人のロスカットを利用して利益を狙う。

すごコツ 15

エントリーするときは1つ前のローソク足の実体部分よりも上か下かが重要

エントリーするときは、レートが1つ前のローソク足の実体部分に対して、上にあるのか、下にあるのかを確認します。

ロングエントリーの場合……レートが前のローソク足の実体部分よりも上にある

ショートエントリーの場合……レートが前のローソク足の実体部分よりも下にある

文章だけではわかりにくいと思うので、図を使って説明しましょう。

まず、次ページ上段の図を見てください。たとえば、レートがAのあたりで推移していた場合（このローソク足の終値がまだ確定していない状態）、1つ前のローソク足の実体部分よりも上にあるので、何らかの根拠があればロングでエントリーしてもいいでしょう。ショートではなるべくエントリーしない。

レートがBのあたりで推移していた場合、まだ1つ前のローソク足の実体部分よりも上にあるので、何らかの根拠があればロングでエントリーしてもいいでしょう。ショートではなるべ

1つ前のローソク足の実体部分が判断基準

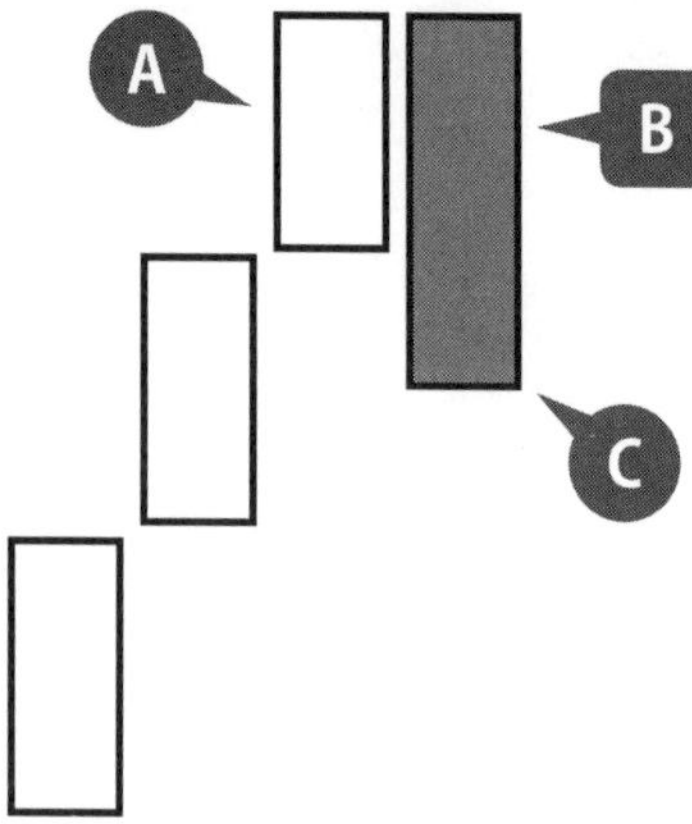

レートがAのあたりで推移……ロング○、ショート×
レートがBのあたりで推移……ロング○、ショート×
レートがCのあたりで推移……ロング×、ショート○

くエントリーしない。

レートがCのあたりで推移していた場合、1つ前のローソク足の実体部分よりも下にあるので、何らかの根拠があればショートでエントリーしてもいいでしょう。ロングではなるべくエントリーしない。

このように、現在のレートが1つ前のローソク足の実体部分よりも上にあるのか、下にあるのかで、ロングでエントリーするか、ショートでエントリーするかを決めています。

POINT
ポイント

ロングエントリーの場合は、レートが前のローソク足の実体部分よりも上にあるときにする。ショートエントリーの場合は、レートが前のローソク足の実体部分よりも下にあるときにする。

すごコツ 16

200MAを意識する

チャートを見るときは200MAとレートの関係を見るようにしています。

200MAとは200本移動平均線のことです。

移動平均線は3種類ありますが、私が見ているのは「200SMA」と「200EMA」の2本です。

SMA（単純移動平均線）……Simple Moving Averageの略

EMA（指数平滑移動平均線）……Exponentially Smoothed moving Averageの略

1分足チャート、5分足チャート、1時間足チャート、4時間足チャート、日足チャートのすべてに、この2本の移動平均線を表示させています。

もちろん、理由があるからです。

レートは200MAのところでよく反応するからです。止まったり、反転したりするわけです。200MAでの反転によってトレンドが変わることもあります。

200MA で反転しやすい

米ドル円５分足チャート

実際のチャートで見てみましょう。

前ページのチャートは、米ドル円の5分足チャートです。

2本の曲線が、200SMAと200EMAです。

Aのところを見てください。レートが丁度、200SMAのところで反転しています。

次に、Bのところを見てください。レートが200EMAのところで反転しています。

このように、レートは200MAのところでよく反応します。

読者も普段使っているチャートに200MAを表示させてみてください。5分足でもいいですし、1時間足チャートでもかまいません。表示させてみて、どのくらい反応するのか、を調べてみてください。

反応しているところが多いと思います。

POINT
ポイント

200SMAと200EMAを意識しながらトレードする。

すごコツ 17

20SMAを意識する

前の項目で紹介した200MAと同様に、20SMAとレートの関係も見るようにしています。

20SMAとは20本移動平均線のことです。

1分足チャート、5分足チャート、1時間足チャート、4時間足チャート、日足チャートのすべてに、この移動平均線を表示させています。

レートは20SMAのところで反応することが多いです。

実際のチャートで見てみましょう。

次ページのチャートは、米ドル円の5分足チャートです。

2本の線が20SMAです。

Aのところを見てください。レートが丁度、20SMAのところで反転しています。

同様に、Bのところでもレートが1時間足の20SMAのところで反転しています。

20SMAで反応しやすい

米ドル円5分足チャート

このように、レートは20ＳＭＡのところで反応することがよくあるわけです。それだけ、多くのトレーダーが意識しているということです。

トレードするときは、20ＳＭＡを意識しましょう。

POINT
ポイント

20ＳＭＡを意識してトレードをする。

すごコツ

18 メインに使っている時間軸のチャートにすべての上位足の20ＳＭＡを表示させる

20ＳＭＡもかなり重要な移動平均線です。中期の移動平均線ではこれが最も重要な移動平均線だと思っています。

レートはこの移動平均線のところで反応することが多いです。止まったり、反転したりすることがよくあります。

そのため、チャートには必ず20ＳＭＡを表示させておきましょう。すべての時間軸に表示させたほうがいいでしょう。

私の場合、メインに使っている時間軸のチャートに、すべての上位足の20ＳＭＡを表示させています。1分足チャートに、5分足、1時間足、4時間足、日足の20ＳＭＡを表示させているわけです。

1つのチャートに違う時間軸の移動平均線を表示させるには、ＭＴ4ならインジケーターを使います。詳しい方法については私の公式サイト（巻末のプロフィール欄に記載）で紹介しています。そちらを参考にしてください。

POINT
ポイント

20ＳＭＡもかなり重要な移動平均線なので、メインに使っている時間軸のチャートにすべての上位足の20ＳＭＡを表示させる。

すごコツ 19

5SMAを手がかりにトレードをする

スキャルピングや小さな値幅を狙ったデイトレといったスパンの短いトレードでは、5SMA(5本移動平均線)を手がかりにすることが多いです。

トレードのルールにも以下のような項目があります。

・5SMAが上向きで、なおかつ、レートが5SMAの上にある状況では基本的にショートでエントリーしない。

・5SMAが下向きで、なおかつ、レートが5SMAの下にある状況では基本的にロングでエントリーしない。

スパンの短いトレードではこのルールをを守るだけで、負けがだいぶ減ると思います。結果として、勝ちトレードが増え、勝率が高くなります。

「基本的には」なので、例外的なトレードもあります。

移動平均線やホリゾンタルラインで反転したときは、5SMAの上でもショート、5SM

Aの下でもロングでエントリーすることがあります。
もちろん、これも自分にとってのルールになっています。

POINT
ポイント

5SMAの向きと、5SMAとレートの位置関係をよく見てトレードをする。

すごコツ 20

5SMAと20SMAの間隔が大きい状況でエントリーする

デイトレやスキャルピングではレートの動きに勢いがあるときにエントリーすることが多いです。レートの動きの勢いを見極める方法はいくつかあります。1つは「2本の移動平均線の間隔で見極める方法」です。

短期と長期の移動平均線を2本表示させた場合、レートの動きに勢いが出てくると、2本の移動平均線の間隔は開いていきます。これを上位足の移動平均線で見ています。

私の場合、「上位足の5SMA」と「上位足の20SMA」を使うことが多いです。

具体的には、以下の移動平均線の間隔を見ています。

- **1分足チャートに表示させた5分足の5SMA**
- **1分足チャートに表示させた5分足の20SMA**

先ほど説明した「5分足の5SMA」ともう1本、「5分足の20SMA」を使って見極めます。

基本的に、エントリーするのはこの2本の線の間隔が大きい状況です。

5SMAと20SMAの間隔に注目

米ドル円1分足チャート

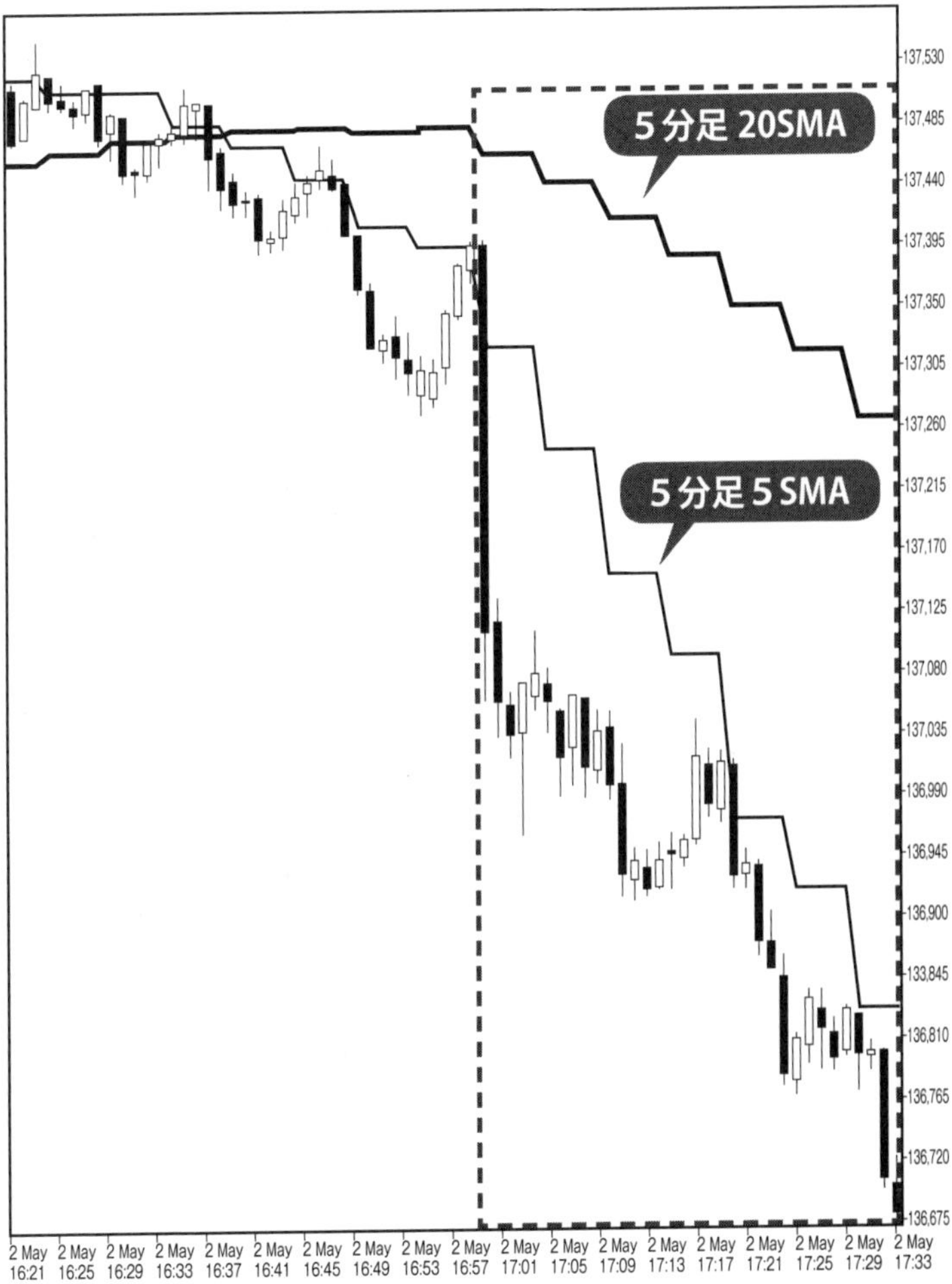

間隔が狭い状況や、間隔がなく重なっている状況では狙いません。

たとえば、前ページのチャートでいえば、四角で囲ったところは「5分足の5ＳＭＡ」と「5分足の20ＳＭＡ」の間隔が拡がっています。このような状況でエントリーのタイミングを探すわけです。

POINT
ポイント

レートの動きの勢いは5ＳＭＡと20ＳＭＡの間隔でわかる。5ＳＭＡと20ＳＭＡの間隔が開いてきていれば、レートの動きに勢いがあると判断できる。

すごコツ 21

移動平均線は厳選して表示させる

200SMA、200EMA、20SMA、5SMAについて紹介しましたが、この他にもレートが反応する移動平均線があります。

21SMA……21本単純移動平均線
21EMA……21本指数平滑移動平均線
50SMA……50本単純移動平均線
100SMA……100本単純移動平均線

この他にもいくつかあります。

しかし、レートが反応するすべての移動平均線を表示させてしまうと、チャートが見づらくなってしまいます。

移動平均線はレートの動きやトレンドを捉えやすくするために表示させるのに、かえって捉えにくくなってしまうことがあります。

そのため、厳選して表示させることが必要になるわけです。

２００SMA、２００EMA、20SMA、５SMAだけにするのか。それとももう何本か表示させるか。

実際に移動平均線をチャート上に表示させてみて、検討してみてください。

POINT ポイント

レートが反応するすべての移動平均線を表示させるとチャートが見づらくなってしまうので、厳選して表示させる。

すごコツ 22

ラインブレイクではブレイクした足の次のローソク足が肯定するかを見極める

ホリゾンタルラインやトレンドラインなどのブレイク（上抜けや下抜け）でエントリーしている方もいることでしょう。

私もラインのブレイクでエントリーすることがあります。

ラインブレイクのトレードはエントリーするポイントがわかりやすいのが特徴です。レートやローソク足がラインをブレイクしたところがエントリーするタイミングなので、わかりやすいのです。

しかし、わかりやすいから簡単に勝てるというわけではありません。

ラインブレイクでのトレードをした方ならわかっていると思いますが、ブレイクした後にそのままレートが進むこともあれば、逆行してくることもあります。

ラインを上に抜けたのでロングでエントリーしたら、すぐにレートが下がってきて含み損が発生した。ラインを下に抜けたのでショートでエントリーしたら、すぐにレートが上がってきて含み損が発生した。

「それなら、ロングとショートを逆でエントリーすればよいのでは」と思って、ラインを上に抜けたらショート、ラインを下に抜けたらロングエントリーすると、レートがそのまま進んで含み損が発生してしまう。

このような経験があると思います。私もよくありました。

対策としては、以下の2つが挙げられます。

①逆行したらすぐにロスカットする

②ブレイクした足の次のローソク足を見極めてからエントリーする

1つは「逆行したらすぐにロスカットする」です。逆行することもあるわけですから、そのときはリスクを小さく抑えて決済する。そして、逆行しなかったときになるべく大きな利益を狙うようにする。逆行することもあると受け入れて、トータルで利益を狙うわけです。

もう1つは、「ブレイクした足の次のローソク足を見極めてからエントリーする」です。ブレイクしたときにすぐにエントリーせずに、その次の足をよく見極めてからエントリーします。

これは、「ブレイクした後に、その流れを肯定するような動きがあるかどうか」を見極めるのです。「ブレイクした後に追随する動きがあるかどうか」と考えてもよいでしょう。

ラインを上にブレイクして陽線で確定。その次のローソク足も陽線であればロングエントリーする。

ラインを下にブレイクして陰線で確定。その次のローソク足も陰線であればショートでエントリーする。

レートの動きによってはラインからかなり離れてしまうことがあります。その場合はエントリーを見送ります。

これでも逆行することがありますが、これは仕方がないことです。その場合はロスカットで対処するしかありません。

POINT
ポイント

ラインブレイクアウトのトレードではブレイクした足の次のローソク足が肯定するかを見極めてからエントリーする。

すごコツ 23

トレンドラインはわかるときにだけ引く

ＦＸのデイトレではトレンドラインも使っています。

10年以上、ＦＸのデイトレをしていますが、トレンドラインはかなり有効だと感じています。トレンドラインを使っていない方は、使うようにしてみてください。

トレンドラインを引くときのポイントはいくつかあるのですが、最も大切なのは「ラインを引くところが、パッと見でわかるときにだけ引く」ということです。

トレンドラインを無理やり引く人がいます。

「どの安値からどの安値に引けばよいのか」「どの高値からどの高値に引けばよいのか」ということがよくわからずに引いても、あまり意味がないと思います。

自分がよくわからないということは、他のトレーダーもよくわからないということです。無理やり引いたラインと同じところに引いている人は少ないはずです。

移動平均線でもホリゾンタルラインでも同じことがいえますが、より多くの人が使うからこそ、そこでレートが反応するわけです。多くの人が使わないようなラインのところでは、レートはあまり反応しません。そのため、あまり意味がないというわけです。

また、よくわからないのにラインを引いても、そのラインに対して自信を持てません。当然、そのラインを使ったトレードに対しても自信を持てません。

私自身は、パッと見でわかるときにだけラインを引いています。

パッと見でわかるわけですから、多くのトレーダーもトレンドラインを引くとすれば、そこに引いているはずです。だからこそ、レートがそこで反応しやすいわけです。

POINT ポイント

トレンドラインはパッと見でわかるときにだけ引く。

すごコツ 24

トレンドの途中にできた切り上げライン・切り下げラインを使ってエントリーする

初心者の方が一番悩むのは「エントリーするタイミング」でしょう。「勝ちやすいタイミング」はなかなかわからないはずです。インターネット上には書かれていないと思います。見つけるよりも、自分で見つけ出したほうが早いでしょう。

これについては第4章のスキルアップ編のところで詳しく述べます。話をエントリーのタイミングに戻します。

初心者の方におすすめなのは「切り上げライン・切り下げライン」を使ってのエントリーです。

切り上げライン・切り下げラインとは、以下のようなラインのことです。

切り上げライン（安値切り上げライン）……2点以上の切り上がった安値を結んだラインのこと

切り下げライン（高値切り下げライン）……2点以上の切り下がった高値を結んだラインのこと

66ページの図を参考にしてください。

一般的な使い方としては、これらのラインをレートがブレイクアウトしたらエントリーします。切り上げラインを下にブレイクしたらショートでエントリー、切り下げラインを上にブレイクしたらロングでエントリーします。

ここで大切なのは、必ずトレンドの途中にできたラインを使うということです。そしてもう1つ、トレンドと同じ方向にエントリーするということです。

つまり、以下のようになります。

・下降トレンドの途中にできた切り上げラインをレートが下にブレイクしたらショートでエントリーする

・上昇トレンドの途中にできた切り下げラインをレートが上にブレイクしたらロングでエントリーする

トレンドの途中以外にできた切り上げライン・切り下げラインを使っても、勝率が低いです。また、エントリーした後に、レートがエントリーした方向に大きく伸びる可能性も低いです。

そのため、必ずトレンドの途中にできたラインを使って、トレンドと同じ方向にエントリーしましょう。

初心者の方でエントリーのタイミングがわからないという方は、まずこのエントリーを試してみましょう。

切り上げラインと切り下げライン

切り上げライン

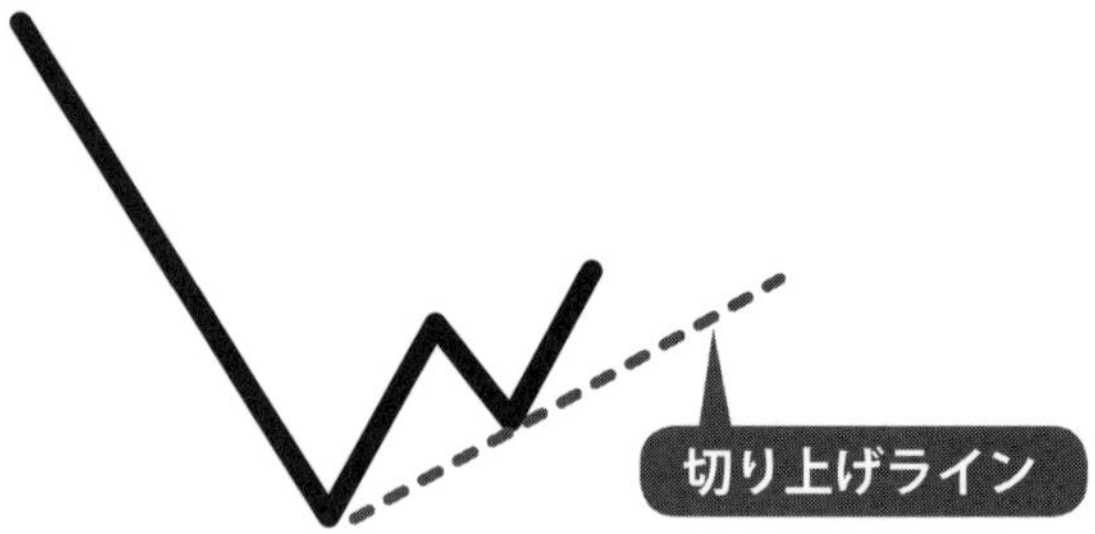

切り下げライン

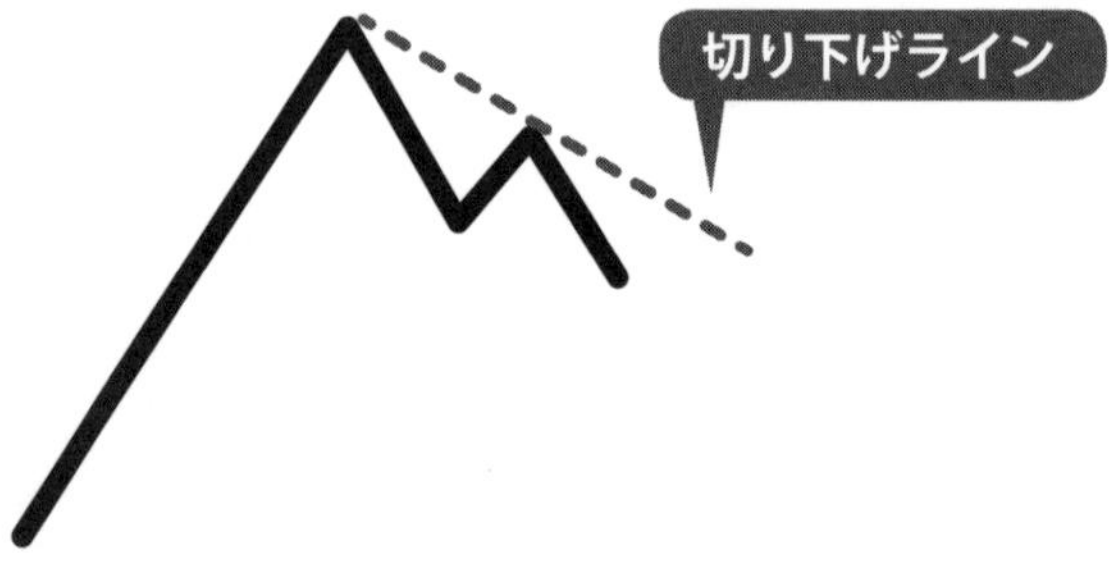

そして、スキルアップ編で紹介する内容で改良してみてください。

POINT
ポイント

下降トレンドの途中にできた切り上げラインをレートが下にブレイクしたら、ショートでエントリーする。
上昇トレンドの途中にできた切り下げラインをレートが上にブレイクしたら、ロングでエントリーする。

すごコツ 25

リターン・ムーブの後にラインが機能しているかを確認してからエントリーする

切り上げライン・切り下げラインを使ったエントリーを紹介しましたが、もう少し慎重にいくのであれば、「リターン・ムーブの後、再びレートが抜けた方向に進む」のを確認してからエントリーするという手もあります。

リターン・ムーブとは、レートがラインを抜けた後に（抜けたラインのほうに）戻る動きのことです。

たとえば、切り上げラインをレートが下に抜けた後、切り上げラインのほうに戻っていく動きです。

実際のチャートを使って説明しましょう。

次ページのチャートは米ドル円の5分足チャートです。

Aのところに切り上げラインを引くことができます。

このラインをBのところでレートが下に抜けました。

ラインが機能しているかを確認する

米ドル円5分足チャート

その後、Cのところまで下落してからDのところまで戻りました。

このような動きがリターン・ムーブです。

このリターン・ムーブの後、ローソク足の終値がラインの上や下に戻らず、再び抜けた方向に進んでいくのを確認してからエントリーします。

前ページのチャートでは、Dのところまで戻りましたが、終値はラインの下でした。この終値の位置が重要です。

そして、Eの陰線で再び抜けた方向に進みました。

この陰線を確認してからエントリーするわけです。

そして、そこからまた下落しています。

「リターン・ムーブの後、ローソク足の終値がラインの上や下に戻らず、再び抜けた方向に進んでいく」ということは、切り上げラインや切り下げラインが機能しているということです。

機能しているから、ブレイクアウトした後に戻っても、反転するわけです。

つまり、ラインが機能しているということを確認してからエントリーしているわけです。

16ページで述べたように、「上がりにくいところでショート・エントリー、下がりにくいところでロング・エントリーする」「ロングでは何かサポートとなるものがあるところのすぐ上で、ショートでは何かレジスタンスになるものがあるところのすぐ下でエントリーする」といったことが大切です。
ここで紹介したエントリーは、これに該当します。

POINT
ポイント

リターン・ムーブの後、切り上げラインや切り下げラインが機能していることを確認してからエントリーする。

第2章

上位足チャート編

すごコツ 26

上位足の値動きに合わせてトレードする

私は「上位足の値動きに合わせる」というトレードを心掛けています。

とくに、上位足のトレンドに乗るようにしています。

ＦＸで勝っていない人のトレードを分析すると、「下位足の値動きに合わせよう」としています。下位足のトレンドに乗ろうとしているわけです。

レートは下位足よりも上位足のトレンドで動くことが多いです。

そのため、トレンドに乗ったつもりでも反転してしまい、結果として含み損が出てしまうことがよくあるわけです。

たとえば、「下位足で上昇トレンド」に乗ったとします。しかし、その上昇は「上位足での下降トレンドの戻り」なので、すぐに上昇は終わってしまいます。そして、元のトレンドである下降になってしまうわけです。

ショートエントリーの場合も同じです。「下位足で下降トレンド」に乗ったとします。しかし、その下降は「上位足では上昇トレンドの押し」。一時的な下降なので、すぐに終わってしまいます。そして、元のトレンドである上昇になってしまうわけです。

「上位足の値動きに合わせていくトレード」をしていれば、このような一時的な動きに惑わされることがなくなるわけです。

POINT
ポイント

「上位足の値動きに合わせるトレード」を心掛ける。

すごコツ 27

上位足のローソク足を把握しながらトレードする

上位足のチャートを使って環境認識をしている方は多いようです。上位足で現在の相場状況を把握しておくことはとても大切なことです。

しかし、トレンドやチャートフォーメーションなどを把握している人は多いようですが、「ローソク足の形」まで把握している人は少ないようです。

どのようなローソク足で、どのようなレートの流れが作られているのか。

たとえば、「陽線が連続して上昇しているのか、陰線が連続して下落しているのか」「移動平均線のところでV字で反発したのか、逆V字で反落したのか」などを把握しながらトレードしたほうが、勝率は上がるでしょう。

私がFXのトレードを始めた頃は、「上位足の動きを見る」という考えがありませんでした。

5分足チャートだけを見てトレードしていました。

株のデイトレではすでに、5分足チャートをメインとして使い、上位足である日足の形を見ながらトレードしていました。これをＦＸに取り入れたところ、勝率が上がりました。

POINT ポイント

上位足のローソク足でレートの流れを把握しながらトレードする。

すごコツ 28

メインとして使っている時間軸のチャートに上位足を表示させる

メインとして使っている時間軸のチャートに上位足を表示させています。

たとえば、1分足チャートには上位足である5分足を、5分足チャートには上位足である1時間足を表示させています。

上位足を表示させることによって、わざわざ上位足のチャートを見る必要がないわけです。メインとして使っている時間軸のチャートを見るだけで、「今、上位足がどのような形になっているのか」「今、レートが上位足のどのあたりにあるのか」ということがすぐにわかります。

POINT
ポイント

メインとして使っている時間軸のチャートに上位足を表示させて、上位足の状況を把握する。

1つのチャートで上位足の状況も把握する

米ドル円　1分足チャート

MT4の場合、インジケーターを使うことで上位足を表示させることができます。
私の公式サイトに「上位足を表示させる方法」についてまとめた記事があります。
公式サイトのURLは巻末の著者プロフィール欄に記載しているので、参考にしてください。

すごコツ 29

上位足で陽線や陰線が連続しているときにエントリーできるタイミングを探す

先にも述べた通り、上位足のローソク足でレートの流れを把握しながらトレードすることが大切です。

最初に確認するのは、上位足で陽線が連続しているか陰線が連続しているのか、です。

- **上位足で陽線が連続しているとき……ロングでエントリーできるタイミングを探す**
- **上位足で陰線が連続しているとき……ショートでエントリーできるタイミングを探す**

上位足で陽線が連続しているときにロングでエントリーすれば必ず勝てるというわけではありません。ただ、ショートでエントリーするよりかは、勝てる確率が高くなると思います。

できれば、新たに作られている上位足のローソク足も陽線になっているほうがいいでしょう。

同様に、上位足で陰線が連続しているときにショートでエントリーすれば必ず勝てるというわけではありません。ただ、ロングでエントリーするよりかは、勝てる確率が高くなると思います。

できれば、新たに作られている上位足のローソク足も陰線になっているほうがいいでしょう。

POINT
ポイント

上位足で陽線が連続しているときはロングで、陰線が連続しているときはショートでエントリーできるタイミングを探す。

すごコツ 30

上位足が陽線・陰線の並びになった場合はレートの流れがはっきりするまでトレードしない

上位足が陽線と陰線、または陰線と陽線というように並んでいる場合は、以下のようにレートの流れを見極めるようにしています。

【陽線⇓陰線の並び】
・レンジになるか、ならないかを見極める
・再び上昇するかを見極める
・下落の流れが続くかを見極める

【陰線⇓陽線の並び】
・レンジになるか、ならないかを見極める
・再び下落するかを見極める
・上昇の流れが続くかを見極める

レンジになった場合は新規のエントリーはしません。

上昇の流れになった場合は、ロングでエントリーするタイミングを探します。
下落の流れになった場合は、ショートでエントリーするタイミングを探します。

POINT
ポイント

上位足が陽線・陰線の並びになった場合は、下位足ではレンジになっていることが多いので、レートの流れがはっきりするまでトレードしない。

すごコツ 31

下位足のなんらかの根拠を手掛かりにしてエントリーする

下位足でのなんらかの根拠を手掛かりにして、上位足のトレンドと同じ方向にエントリーしましょう。

以下のポイントで何らかの根拠を手掛かりにするといいでしょう。

・トレンドライン
・切り上げ・切り下げライン
・チャートフォーメーション（チャート形状）
・レンジ
・ボックス
・移動平均線

たとえば、上位足に上昇トレンドラインが引けるとします。上位足ではトレンド中です。このようなとき、下位足で見てロングでエントリーできそうなところがあれば、そこでエントリーします。たとえばチャートフォーメーションの「逆三尊」ができたらロングでエントリーします。

このように、上位足のトレンドから、ロングとショートのどちらでエントリーするかを決めて、下位足のなんらかの根拠を手掛かりにしてエントリーしていくわけです。

POINT
ポイント

上位足のトレンドから、ロングとショートのどちらでエントリーするかを決めて、下位足のなんらかの根拠を手掛かりにしてエントリーする。

すごコツ 32

上位足チャートの「レートの波」に乗る

先にも述べた通り「レートの波」に乗ってトレードするわけですが、ここでも上位足チャートを見ます。上位足チャートの波を使ってトレードします。

・上位足チャートで上昇の波ができていれば、下位足チャートでロングでエントリーできるタイミングを探す

・上位足チャートで下降の波ができていれば、下位足チャートでショートでエントリーできるタイミングを探す

下位足チャートの波に乗ろうとすると、波自体が小さいので乗りづらいです。波がすぐに終わってしまうことがよくあります。

しかし、上位足チャートの波であれば、ある程度の大きさがあるので、すぐに終わってしまうようなことはほとんどありません。そのため、トレードしやすいわけです。

また、上位足の波は大きいので、上手く乗れたときに利益が大きくなりやすいです。

上位足の波に乗る場合は、先ほど紹介したように、下位足チャートのなんらかの根拠を手がかりにしてエントリーしていきます。

POINT
ポイント

上位足チャートでレートの波ができていたら、下位足チャートでエントリーできるタイミングを探す。

すごコツ 33

「推進波」「調整波」のどちらなのかを見極める

上位足チャートの波を使ってトレードするとき、「推進波なのか、調整波なのか」を見極めるようにしています。

「推進波」「調整波」というと、テクニカル分析を勉強した方なら「エリオット波動」を思い浮かべることでしょう。

ここでは、エリオット波動を使うわけではありません。しかし、波の考え方はエリオット波動の「推進波」「調整波」と似ています。

推進波……トレンドと同じ方向に進む大きな波
調整波……トレンドと逆の方向に進む小さな波

上昇トレンドの場合は、上昇する波が推進波、下落する波が調整波になります。下降トレンドの場合は、下落する波が推進波、上昇する波が調整波になります。よくわからない方は次ページの図を参考にしてください。

「推進波」と「調整波」の見極め

上昇トレンドの場合

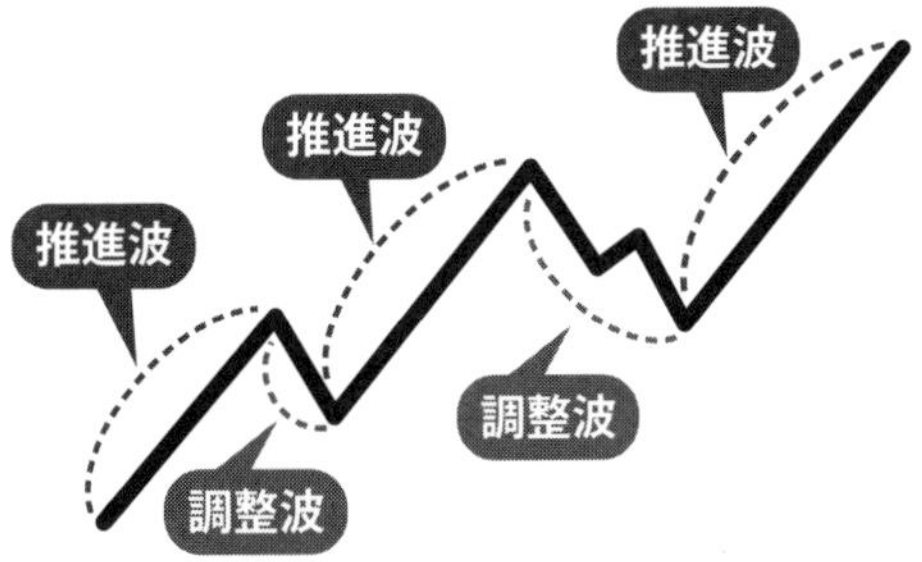

下降トレンドの場合

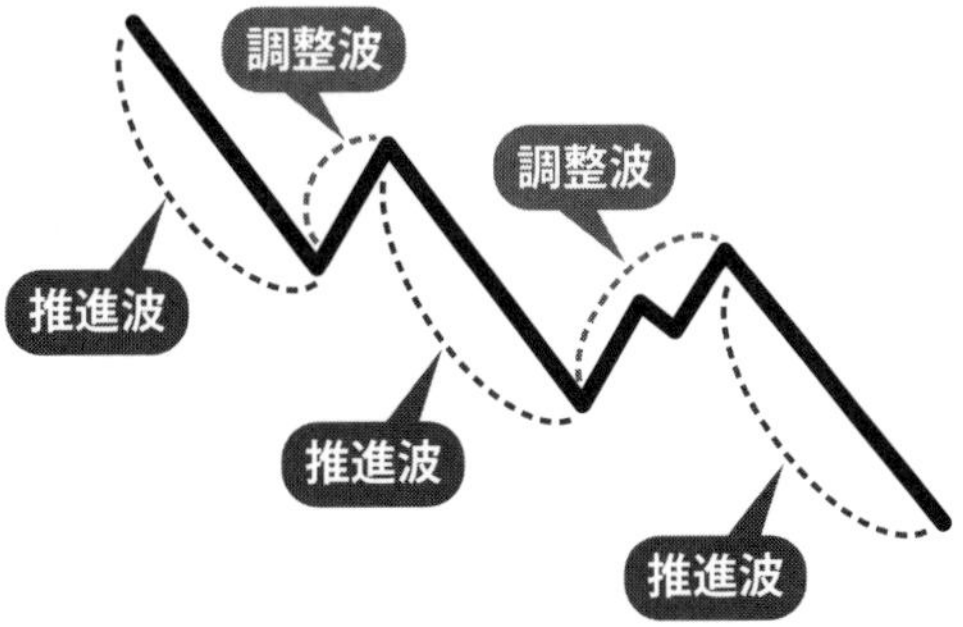

※エリオット波動の「推進波」「調整波」ではありません

ただ波の上げ下げを読むのではなく、「大きな上昇の波の中で生じている推進波なのか、調整波なのか」「大きな下降の波の中で生じている推進波なのか、調整波なのか」ということまで読むわけです。

POINT
ポイント

チャート上の波が「大きな波の中での推進波なのか、調整波なのか」を見極める。

すごコツ

34

上位足チャートで推進波のときにエントリーする

上位足チャートの波を使ってトレードするときは「推進波なのか、調整波なのか」を見極めます。

そして、なるべく、推進波のときにエントリーします。

- **上位足チャートが「上昇の波」における推進波になっているときに、下位足チャートでロングできそうなタイミングを待ってエントリーする**
- **上位足チャートが「下降の波」における推進波になっているときに、下位足チャートでショートできそうなタイミングを待ってエントリーする**

推進波のときを狙う理由は、波が長くなることが多いからです。値幅が大きいので、利益を得やすくなります。

逆に、調整波のときに、調整波と同じ方向にエントリーする場合は、「波が短い可能性がある」ということを想定しておきましょう。

「推進波」と「調整波」に気付き、トレード手法に取り入れるようになってから、勝率が少し上がりました。また、利益も少し多くなりました。

POINT
ポイント

推進波は波が長くなることが多いので、利益を得やすい。

すごコツ 35

上位足の移動平均線で反転した場合は下位足チャートでその動きに乗る

レートが上位足の移動平均線近辺までいった場合、反転するのかそれとも抜けるのか、を見極めるようにします。

移動平均線で反転した場合は、その動きに乗るようにしています。下位足チャートでタイミングを見極めてエントリーするわけです。

たとえば、4時間足チャートでレートが上昇し、上にある4時間の20SMAに近づいたとします。

まずは、レートがこの移動平均線で反落するのか、それとも上抜けするのか、を見極めます。

反落する動きがあった場合、チャートを下位足に切り替えます。

たとえば、5分足チャートに切り替え、エントリーのタイミングを見極めます。レートが反落しているわけですから、下落での利益を狙ったショートでエントリーするわけです。

レートが移動平均線で反発した場合も、考え方は同じです。

たとえば、４時間足チャートでレートが下降し、下にある４時間の20ＳＭＡに近づいたとします。

まずは、レートがこの移動平均線で反発するのか、それとも下抜けするのか、を見極めます。反発する動きがあった場合、チャートを下位足に切り替えます。

たとえば、５分足チャートに切り替え、エントリーのタイミングを見極めます。レートが反発しているわけですから、上昇での利益を狙ったロングでエントリーするわけです。

このように、上位足の移動平均線で反転した場合は、下位足チャートでその動きに乗るようにします。

POINT
ポイント

レートが上位足の移動平均線近辺までいった場合、反転するのかそれとも抜けるのか、を見極める。

すごコツ 36

上位足の移動平均線を抜けた場合は下位足チャートでその動きに乗る

先にも述べた通り、レートが上位足の移動平均線近辺までいった場合、反転するのかそれとも抜けるのか、を見極めるようにします。

移動平均線を抜けた場合も、その動きに乗るようにしています。下位足チャートでタイミングを見極めてエントリーするわけです。

基本的には、抜けた方向にエントリーします。上に抜けたのであればロングでエントリー、下に抜けたのであればショートでエントリーするわけです。

たとえば、4時間足チャートでレートが上昇し、上にある4時間の20ＳＭＡに近づいたとします。

レートがこの移動平均線を上抜けた場合、チャートを下位足に切り替えます。5分足チャートに切り替え、エントリーのタイミングを見極めます。レートが上昇しているわけですから、上昇での利益を狙ったロングでエントリーするわけです。

レートが移動平均線を下抜けした場合も、考え方は同じです。

たとえば、4時間足チャートでレートが下降し、下にある4時間の20ＳＭＡに近づいたとします。

レートがこの移動平均線を下抜けた場合、チャートを下位足に切り替えます。5分足チャートに切り替え、エントリーのタイミングを見極めます。レートが下抜けしているわけですから、下落での利益を狙ったショートでエントリーするわけです。

このように、上位足の移動平均線を抜けた場合は、下位足チャートでその動きに乗るようにします。

POINT
ポイント

レートが上位足の移動平均線を抜けた場合、抜けた方向にエントリーする。

すごコツ 37

上位足のボリンジャーバンドでエントリーに適している状況かどうかを見極める

上位足チャートを使った環境認識では、ボリンジャーバンドの状況も確認するようにしています。

ボリンジャーバンドとは、米国の投資家ジョン・ボリンジャーが考案したテクニカルチャートの1つです。移動平均線とその上下2本ずつの標準偏差からなる線の計5本の線で表わされます。

私の場合、デイトレでは1分足チャートか5分足チャートでエントリーのタイミングを見極めています。環境認識では、日足、4時間足、1時間足チャートを使っています。この3つの時間軸でボリンジャーバンドを表示させ、以下の2つについて考えています。

①エントリーに適しているのかどうか
②エントリーに適しているのであれば、ロングなのかそれともショートなのか

これらをメモした上で、1分足チャートや5分足チャートを見るようにしています。

ボリンジャーバンドがどのような状況であればエントリーに適しているのか、またエントリーに適していないのか、については次の項目から説明していきます。

POINT
ポイント

日足、4時間足、1時間足チャートのボリンジャーバンドでエントリーに適している状況かどうかを見極める。

すごコツ 38

上位足でバンドウォークしている状況でエントリーする

ボリンジャーバンドでエントリーに適している状況には3パターンあります。

そのうちの1つは「バンドウォークしている状況」です。

バンドウォークとは、±2σ《シグマ》のラインに沿って価格が推移することを指します。

実際のチャートで見てみましょう。

次ページのチャートは、米ドル円の1時間足チャートです。

四角で囲ったところがバンドウォークで上昇しているところです。

ここは「強めのトレンドが発生している可能性が高い状況」といえます。

トレンドがはっきりしているので、エントリーしやすい状況です。FXにかぎらず、トレードでは「トレンドがはっきりしているところを狙う」ことが大切です。そのため、バンドウォークしているところだけを狙っていく手法もありでしょう。

私がよく使っているのは、「上位足でバンドウォークしている状況で、下位足でタイミング

バンドウォークを見極める

米ドル円１時間足チャート

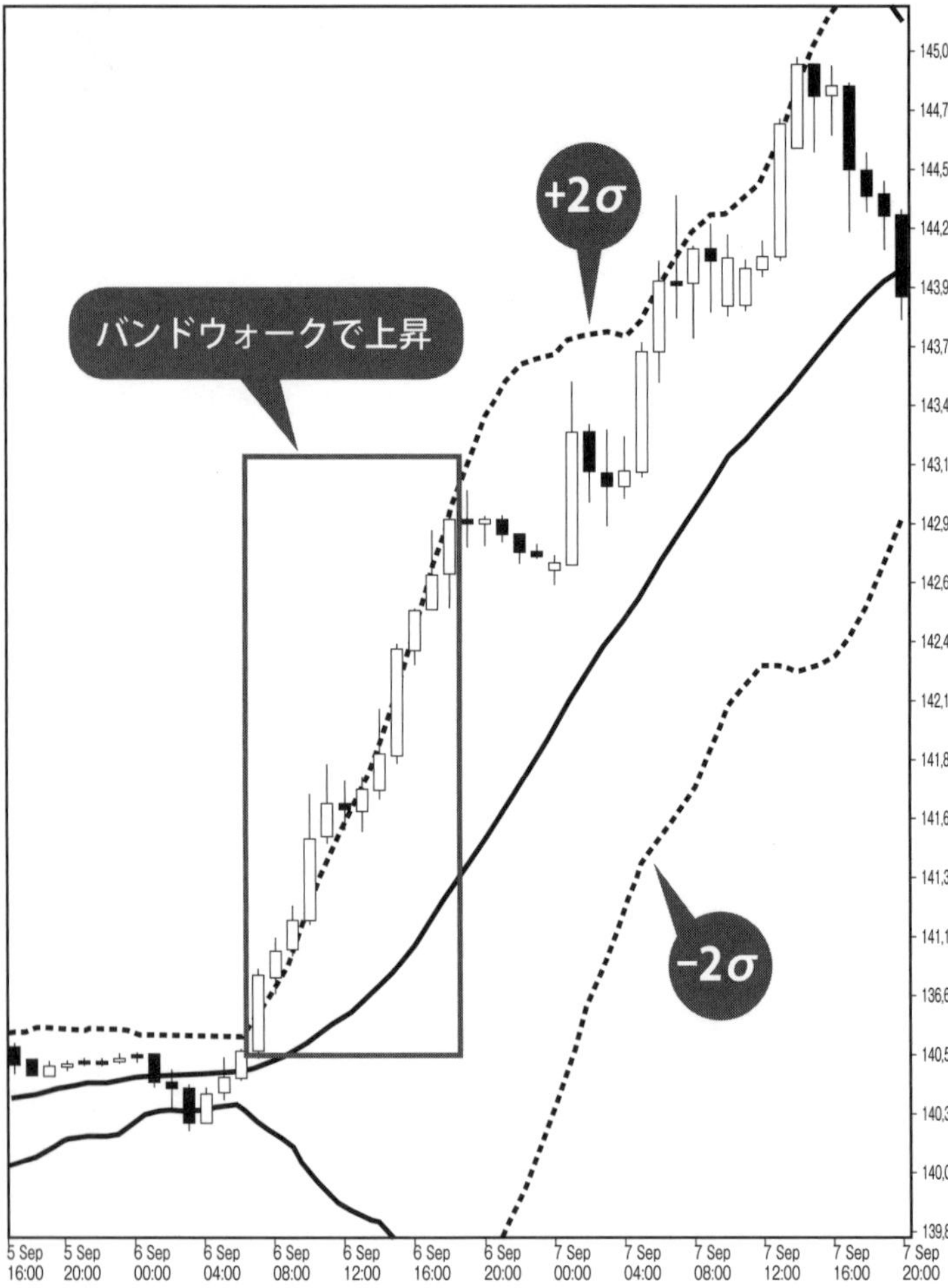

を測ってエントリーする」という方法です。

- 上位足がバンドウォークで上昇している状況→下位足でロングのタイミングを見極めてエントリーする
- 上位足がバンドウォークで下降している状況→下位足でショートのタイミングを見極めてエントリーする

たとえば、「上位足が1時間足チャート、下位足が5分足チャート」の場合、1時間足チャートでバンドウォークしながら上昇しているのであれば、5分足チャートでロングのタイミングを見極めてエントリーします。1時間足チャートでバンドウォークしながら下降しているのであれば、5分足チャートでショートのタイミングを見極めてエントリーします。

上手くいけば、大きなトレンドに乗ることができます。

POINT ポイント

上位足でバンドウォークしている状況で、下位足でタイミングを見極めてエントリーする。

すごコツ 39

上位足チャートがパーフェクトオーダーのときを狙う

ボリンジャーバンドの他に、移動平均線のパーフェクトオーダーも見ています。

パーフェクトオーダーとは、短期・中期・長期の3本の移動平均線が順に、「右肩上がり」や「右肩下がり」に並んでいる状態のことです。

実際のチャートで見てみましょう。次ページのチャートは米ドル円の1分足チャートです。短期・中期・長期の3本の移動平均線が上から順番に並んで右肩下がりになっています。こういった状態がパーフェクトオーダーです。

トレンドが発生しているときにパーフェクトオーダーになります。

上昇トレンド中は下から「長期・中期・短期の順」に並び、下落トレンド中は下から「短期・中期・長期の順」です。

実際のトレードでは、上位足チャートの5SMA、10SMA、20SMAでパーフェクトオーダーを見ています。

パーフェクトオーダーを見極める

米ドル円1分足チャート

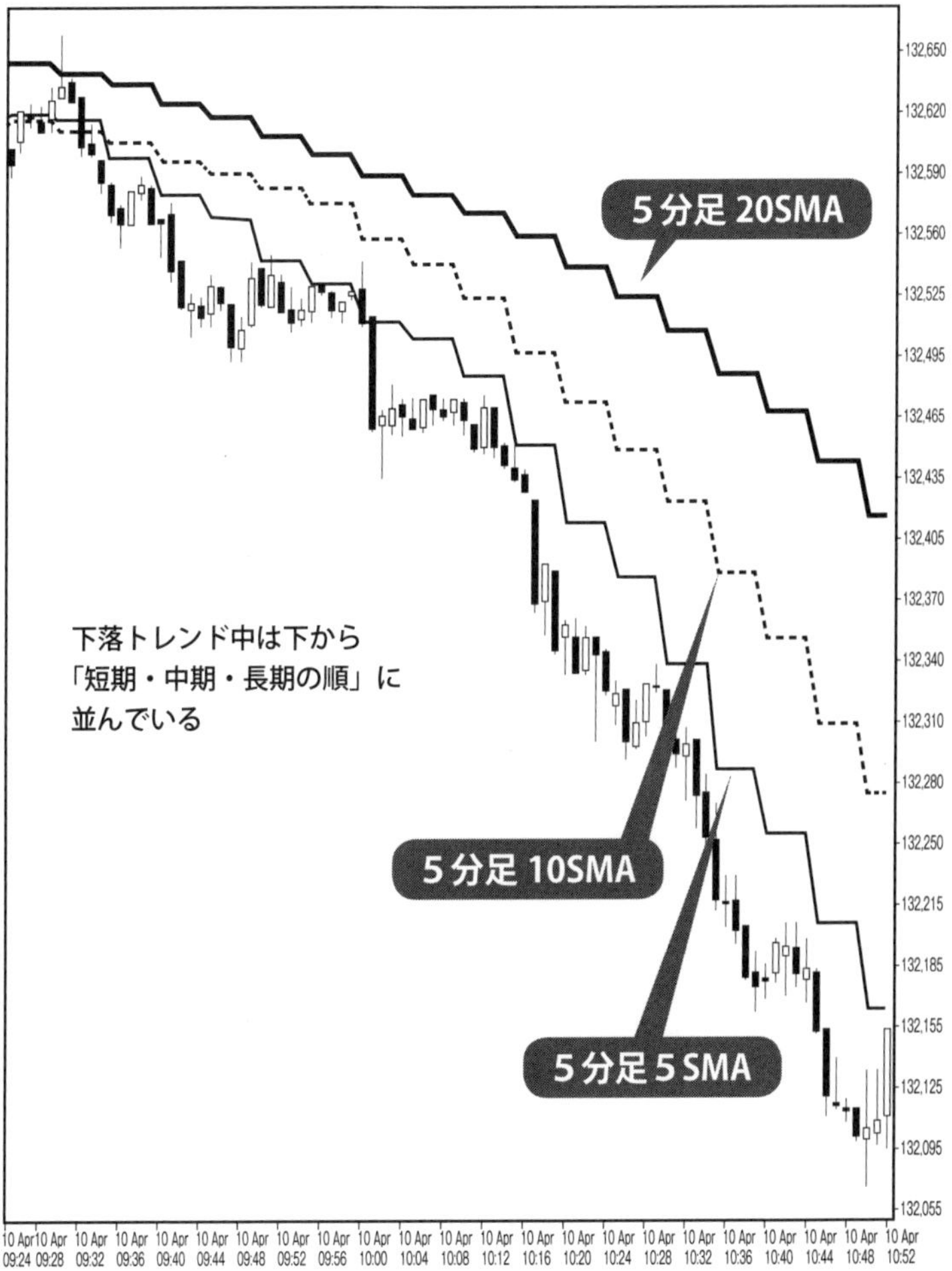

そして、パーフェクトオーダーのときに、エントリーのタイミングを探すようにしています。パーフェクトオーダーで上昇しているときはロングでエントリーするタイミング、パーフェクトオーダーで下落しているときはショートでエントリーするタイミングを探すわけです。

POINT
ポイント

上位足のチャートがパーフェクトオーダーのときにエントリーのタイミングを探す。

すごコツ 40

パーフェクトオーダーでは移動平均線同士の間隔に注意する

102ページで「上位足チャートがパーフェクトオーダーのときにエントリーのタイミングを探す」と述べましたが、状況によっては探さない場合もあります。

なぜなら、パーフェクトオーダーでもレートの動きが弱いときがあるからです。パーフェクトオーダーで上昇しているが、上昇の勢いが弱い。パーフェクトオーダーで下降しているが、下降の勢いが弱い。このようなときも意外に多いのです。

レートの動きが弱いときにトレードしても、なかなか大きな利益を得られません。

また、プルバック（戻り）が多くなりやすいので、やりにくいです。とくに、ロスカットまでの値幅を小さくしたときは、すぐにロスカットになってしまうことがあります。

レートの動きが弱い状況ではないかを見極めるために、パーフェクトオーダーでは移動平均線同士の間隔に注意しています。

間隔がしっかりと開いているかどうかに注目します。間隔が狭いようであれば、トレンドが弱いので、エントリーを見送るようにしています。

POINT
ポイント

パーフェクトオーダーになっていても、移動平均線同士の間隔が狭いときは、トレンドが弱いのでエントリーを見送る。

すごコツ

41 バンドウォークやパーフェクトオーダーの状況でロスカットしてきたところを狙う

ボリンジャーバンドでバンドウォークしているときや、複数の移動平均線がパーフェクトオーダーになっているときは、ロングのポジションを持っている人かショートのポジションを持っている人のどちらかが、含み損を抱えて苦しい状態になっている場合が多いです。

- **バンドウォークやパーフェクトオーダーで上昇しているとき……ショートのポジションを持っている人が含み損を抱えて苦しい状態になっていることが多い**
- **バンドウォークやパーフェクトオーダーで下落しているとき……ロングのポジションを持っている人が含み損を抱えて苦しい状態になっていることが多い**

この含み損を抱えて苦しい状態になっている人たちが、諦めてロスカットしてきたところが狙い目です。そこでエントリーした後、さらに苦しい状況になれば、ロスカットの注文が次々に出てきてレートが進んでいきます。

そこを狙っていきます。

「含み損を抱えて苦しい状態になっている人たちが諦めてロスカットするところ」というのは、チャートの形によって違ってきます。

含み損を抱えて苦しい状態になっているつもりになると、どこでロスカットするかがわかると思います。

POINT
ポイント

バンドウォークやパーフェクトオーダーになっているときは、ロングかショートのどちらかのポジションを持っている人が含み損を抱えて苦しい状態になっていることが多い。

すごコツ 42

上位足のホリゾンタルラインで反転した場合はその動きに乗る

レートが上位足のホリゾンタルライン近辺までいった場合も、移動平均線と同じように、反転するのかそれとも抜けるのか、を見極めるようにします。

ホリゾンタルラインで反転した場合は、その動きに乗るようにしています。

下位足チャートでタイミングを捉えてエントリーしましょう。

たとえば、4時間足チャートでレートが上昇し、上にある4時間足のレジスタンスラインに近づいたとします。

まずは、レートがこのレジスタンスラインで反落するのか、それとも上抜けするのか、を見極めます。

反落する動きがあった場合、チャートを下位足に切り替えます。

たとえば、5分足チャートに切り替え、エントリーのタイミングを見極めます。レートが反落しているわけですから、下落での利益を狙ったショートでエントリーするわけです。

レートがサポートラインで反発した場合も考え方は同じです。

たとえば、4時間足チャートでレートが下降し、下にある4時間足のサポートラインに近づいたとします。

まずは、レートがこのサポートラインで反発するのか、それとも下抜けするのか、を見極めます。

反発する動きがあった場合、チャートを下位足に切り替えます。

たとえば、5分足チャートに切り替え、エントリーのタイミングを見極めます。レートが反発しているわけですから、上昇での利益を狙ったロングでエントリーするわけです。

このように、上位足のホリゾンタルラインで反転した場合は、下位足チャートでその動きに乗るようにします。

POINT
ポイント

上位足のホリゾンタルラインで反転した場合は、下位足チャートでその動きに乗る。

すごコツ 43

上位足のホリゾンタルラインを抜けた場合は下位足でその動きに乗る

レートが上位足のホリゾンタルラインを抜けた場合も、考え方は同じです。その動きに乗るようにしていきます。下位足チャートでタイミングを捉えてエントリーするわけです。

基本的には移動平均線の場合と同じように、抜けた方向にエントリーします。上に抜けたのであればロングでエントリー、下に抜けたのであればショートでエントリーするわけです。

たとえば、4時間足チャートでレートが上昇し、上にある4時間足のレジスタンスラインに近づいたとします。

レートがこのレジスタンスラインを上抜けた場合、チャートを下位足に切り替えます。5分足チャートに切り替え、エントリーのタイミングを見極めます。レートが上昇しているわけですから、上昇での利益を狙ったロングでエントリーするわけです。

レートがホリゾンタルラインを下抜けした場合も、考え方は同じです。

たとえば、4時間足チャートでレートが下降し、下にある4時間足のサポートラインに近づいたとします。

レートがこのサポートラインを下抜けた場合、チャートを下位足に切り替えます。5分足チャートに切り替え、エントリーのタイミングを見極めます。レートが下抜けしているわけですから、下落での利益を狙ったショートでエントリーするわけです。

このように、上位足のホリゾンタルラインを抜けた場合は、下位足チャートでその動きに乗るようにします。

POINT
ポイント

上位足のホリゾンタルラインを抜けた場合は下位足でタイミングを見極めて、抜けた方向にエントリーする。

すごコツ 44

上位足チャートに引いたトレンドラインを使う

62ページでトレンドラインについて触れました。

トレンドラインは下位足チャートではなく、上位足チャートに引いています。

この理由は、大きなトレンドを捉えたいからです。小さなトレンドではなく、より大きなトレンドを捉えるということです。

レートは大きなトレンドに沿って動くことが多いです。

たとえば、以下のようなことがよくあります。

- **下位足チャートで上昇トレンドだと思っていたら、上位足チャートで発生している下降トレンドのちょっとした戻りだった。**
- **下位足チャートで下降トレンドだと思っていたら、上位足チャートで発生している上昇トレンドのちょっとした押しだった。**

上位足チャートの戻りや押しであれば、すぐに終わってしまう可能性が高くなります。

そのため、小さなトレンドでトレードするよりも、大きなトレンドを捉えてトレードしたほうがよいと考えてます。

POINT
ポイント

トレンドラインは下位足チャートではなく、上位足チャートに引く。

すごコツ 45

上位足チャートに引いたトレンドライン近辺で反転したときを狙う

上位足チャートに引いたトレンドラインを使って、下位足チャートを見ながらトレードしましょう。

基本的には、ライン近辺で反転したときを狙っていきます。ライン近辺で反転するということは、トレンドが継続される可能性があるということです。そのため、トレンドと同じ方向にエントリーしていきます。

たとえば、レートが上昇トレンドラインの近辺まで下がってきて反発したら上昇トレンドが継続する可能性があるので、ロングでエントリーします。同様に、レートが下降トレンドラインの近辺まで上がってきて反落したら下降トレンドが継続する可能性があるので、ショートでエントリーします。

下位足でレートの動きを見ながらエントリーし、もし反転した後に逆行してトレンドラインを抜けてしまったら、「トレンドが継続する」という根拠が崩れてしまったことになるので、すぐにロスカットします。

トレンドラインを使ったトレードにかぎらず、エントリーした根拠が崩れたら、ロスカットしましょう。

このトレードで上手くいくと、上位足の上昇トレンドに乗ることができるので、1回のトレードで大きな利益を得ることができます。

POINT
ポイント

上位足のチャートに引いたトレンドライン近辺で下位足が反転したらエントリーする。

すごコツ 46

上位足の切り上げ・切り下げラインが、下位足でのトレンドラインとして認識できるか確認する

上位足チャートでトレンドが発生している状況で、切り上げ・切り下げラインが引ける形になった場合、そこが下位足チャートでトレンドラインを引ける形になっているかどうかを確認するようにしています。

- **上位足チャートでは切り上げラインが引ける⇓下位足チャートで上昇トレンドラインが引けるか**
- **上位足チャートでは切り下げラインが引ける⇓下位足チャートで下降トレンドラインが引けるか**

ほとんどの場合、トレンドラインを引ける形になっているのですが、高値と安値の値幅が小さいと、下位足チャートでトレンドラインとして認識できないことがあります。

そのため、確認が必要になるわけです。

下位足チャートでトレンドラインとして認識できるようであれば、エントリーのタイミング

を待ちます。

POINT
ポイント

上位足チャートの切り上げ・切り下げラインが、
下位足チャートでトレンドラインとして
認識できるようであれば、エントリーのタイミングを待つ。

すごコツ 47

下位足のトレンドラインを上位足のトレンドのほうに抜けたらエントリーする

上位足チャートでトレンドが発生している状況での切り上げ・切り下げラインが、下位足チャートでトレンドラインとして認識できるようであれば、エントリーのタイミングを待ちます。

必ず、上位足チャートのトレンドと同じ方向に抜けたタイミングでエントリーします。

【上位足チャートでの上昇トレンド中の場合】

上位足チャートで切り下げラインができる

←

下位足チャートで下降トレンドラインとして認識できる

←

下降トレンドラインを上抜けしたらロングでエントリーする

【上位足チャートでの下降トレンド中の場合】

上位足チャートで切り上げラインができる

←

下位足チャートで上昇トレンドラインとして認識できる

←

上昇トレンドラインを下抜けしたらショートでエントリーする

これらのタイミングでは、下位足チャートでエントリーのタイミングを待っていたトレーダーと上位足チャートでエントリーのタイミングを待っていたトレーダーが、ほぼ同じタイミングで仕掛けてきます。

ところが時間軸の都合で、下位足チャートのタイミングのほうが早くなることがあります。下位足チャートでトレンドライン抜けを見てエントリーした後、上位足チャートで切り上げ・切り下げライン抜けでエントリーしてくるわけです。

下位足チャートのタイミングで先にエントリーしておけば、すぐに含み益が出る可能性があります。

POINT
ポイント

上位足チャートでの上昇トレンド中は、下位足チャートの下降トレンドラインを上抜けしたらロングでエントリーする。

上位足チャートでの下降トレンド中は、下位足チャートの上昇トレンドラインを下抜けしたらショートでエントリーする。

第3章

リスク管理編

すごコツ 48

期待できる利益に対して、適切なリスクを取る

私は、「トレードで継続して勝てるかどうかは、リスクの取り方で決まる」と考えています。

期待できる利益（リターン）に対して、適切なリスクを取ることができれば、トレードで継続して勝つことはそれほど難しいことではないと思います。

私は今までに、３人の方にＦＸのデイトレを直接教えたことがあります。そのうち2人の方は、ＦＸの経験がそこそこある方でした。

教える前に売買履歴を少し見せてもらいました。

そして、負けトレードのいくつかを分析しました。チャートで、エントリーしたポイントとイグジットしたポイントを確認しました。

すると、2人ともリスクを大きく取り過ぎていました。たとえば、20pips程度の値幅を狙うのに、30pips以上のリスクを取る。このようなトレードを繰り返していたわけです。

エントリーするときに、「このトレードでどれくらいの利益が見込めるのか」ということが

だいたいでもわかっていなければなりません。そして、見込んでいる利益に対して適切なリスクを取ることが大切です。

POINT
ポイント

「自分のトレードでどのくらいの利益が見込めるのか」ということがわかるようになり、その見込める利益に対して適切なリスクを取ることが大切。

すごコツ 49

エントリーしたときの根拠が消滅したらロスカットする

初心者の方はロスカットのポイントがわからず、結果として、ロスカットが遅れてしまうことが多いようです。

ロスカットのポイントは、基本的に「エントリーした根拠が消滅したポイント」です。

エントリーするときは何かを根拠にします。その根拠がなくなってしまった時点でロスカットするわけです。

たとえば、上昇トレンドラインでの反発でロングエントリーしたとします。

この場合、根拠は「上昇トレンドラインでの反発」です。レートが上昇トレンドラインで反発して、上昇トレンドが継続するということが根拠になっているわけです。

しかし、ロングエントリーした後にレートがトレンドラインを下抜けてしまったとします。

この時点で、「上昇トレンドラインで反発して上昇トレンドが継続する」という根拠が崩れてしまったといえます。もちろん、一旦下抜けても、再びトレンドラインの上に戻ることもあります。しかし、一旦は根拠が崩れてしまったので、ロスカットするべきです。

このように、ロスカットするタイミングは、エントリーした根拠が崩れてしまった場合や消滅してしまった場合です。

POINT ポイント

エントリーするときは何かを根拠にする。エントリーしたときの根拠が消滅した時点で、すぐにロスカットする。

すごコツ 50

スキャルピングでは反射的にロスカットする

デイトレやスイングトレードの場合、根拠がなくなった時点でロスカットすればよいでしょう。

しかし、スキャルピングの場合には、根拠がなくなったかどうかを見極める時間がない場合もあります。

たとえば、レートが急に思惑とは逆に動いて、含み損が想定していた以上に大きくなってしまうことがあります。スキャルピングは1回のトレードで狙う値幅が小さいので、一度、大きな損失を出してしまうと取り戻すのが大変です。小さな値幅でロスカットしなければなりません。

そのため、スキャルピングの場合には反射的なロスカットが必要です。

反射的なロスカットとは、身体が自然に動いて注文を出すといったロスカットのことです。

私の場合、株でもＦＸでもスキャルピングでは、「(レートが逆行して) ヤバい」と感じた瞬間に、身体が自然と動いてロスカットの注文を出しています。考える間もなく、マウスを勝手に動かしてロスカットの注文を出すわけです。

これができないと、スキャルピングで継続して利益を出すのはなかなか難しいと思います。

POINT
ポイント

反射的なロスカットができないと、スキャルピングで継続して利益を出すのはなかなか難しい。

すごコツ 51

「ポジションの大きさに対するロスカットまでの値幅」を適正にする

FXで大きく負ける人の共通点は、「ポジションの大きさに対するロスカットまでの値幅が大き過ぎる」ことです。

・ポジションが大きい場合はロスカットまでの値幅を小さくする
・ポジションが小さい場合はロスカットまでの値幅を大きくしても可

ポジションが大きい場合にロスカットまでの値幅を大きくしてしまうと、1回のトレードで大きな損失が出てしまいます。場合によっては、追証が発生したり、資金がなくなって退場を強いられたりしてしまいます。

そうならないためにも、ポジションが大きい場合にはロスカットまでの値幅を小さくしましょう。

逆に、ロスカットまでの値幅を大きくしたい場合は、ポジションの大きさを小さくすればいいわけです。そうすれば、ロスカットになったとしても、1回のトレードで大きな損失を出すことがなくなります。

ＦＸで大きく負けることがある方は、一度、「ポジションの大きさとロスカットまでの値幅」について考え直してみてください。

POINT
ポイント

ポジションが大きい場合はロスカットまでの値幅を小さくする。
ポジションが小さい場合はロスカットまでの値幅を大きくしても可。

すごコツ 52

ロスカットするときは何も考えない

「ロスカットができません。どうしたらいいですか」

このような相談を受けたことがあります。

私も株のデイトレを始めた頃、ロスカットができなくて悩んだことがあります。

ロスカットができない人の多くは、注文を出す前にいろいろと考えてしまうことが多いです。

「負けたくない」「損をしたくない」「●万円を損してしまう」「決済しなければ戻るだろう」

このようにいろいろと考えてしまい、結局、ロスカットの注文を出さない。

私もそうでした。

でも、今は違います。自分が決めたタイミングできちんとロスカットできます。

ロスカットするときは何も考えないようにしています。「機械的に」ということではありません。何も考えずにさっと注文を出してしまう。

少し話がずれますが、私は現在50代後半です。数年前に、ようやく、「面倒なこと」や「やりたくないこと」に取り掛かるコツがわかりました。日々、株やＦＸのデータを整理していま す。かなり面倒な作業です。できれば、やりたくない。

そのため、「後でやろう」とずるずる先延ばしにしてしまいます。

しかし、何も考えずにサッと始めるようになってからは、すぐに取り掛かることができるようになりました。

始めてしまえば、途中でやめることなく、最後までやってしまうものです。

始めるところさえ上手くできれば、何とかなるわけです。

ロスカットもこれと似ています。

できればやりたくないことなので、考えてしまうと、つい先延ばしにしてしまいます。

何も考えずにサッとやってしまえばよいわけです。

POINT
ポイント

ロスカットするときは何も考えずにサッと注文を出してしまう。

すごコツ 53

リスクの小さいタイミングに限定して入る

ＦＸにかぎらず、トレードでは「リスクの小さいタイミングに限定して入る」ということが大切です。

エントリーの際、何かを根拠にします。その根拠が崩れた時点でロスカットします。

エントリーのポイントから、根拠が崩れてロスカットするポイントまでの値幅が、「そのトレードで取るリスク」ということになります。

この値幅は大きいときもあれば小さいときもあります。レートの動きによって大きさが変わるわけです。

大きなときに入れば、それだけ大きなリスクを取ることになります。

大きなリスクを取ったトレードで負けてしまうと、その負け分を取り戻すのが大変です。

逆に、小さなリスクを取ったトレードで負けても、その負け分を取り戻すのはそれほど大変ではありません。

そのため、「リスクの小さいタイミングに限定してトレードする」ことが大切になるわけです。
私の場合、ＦＸでも株のトレードでも、大きなリスクを取らなければならないタイミングは見送るようにしています。

POINT
ポイント

大きなリスクを取ったトレードで負けてしまうと、その負け分を取り戻すのが難しい。大きなリスクを取らなければならないタイミングは見送る。

すごコツ 54

トレンドと反対方向のポジションは持ち続けない

ＦＸで大きく負けた人のトレードを分析すると、「トレンドと反対方向のポジションを持ち続けたことが原因」になっていることがよくあります。

これは、ＦＸにかぎらず、他のトレードでもいえることです。

上昇トレンド中なのにショートのポジションを持ち続ける。下降トレンド中なのにロングのポジションを持ち続ける。

もちろん、トレンドが変わってくることもあるので、持ち続けていれば利益が出ることもあります。

しかし、大きな損失に繋がることも多いわけです。都合よくトレンドが変わらないからです。

トレードでは、大きく儲けることよりも大きく損しないことのほうが大切です。

トレンドと反対方向のポジションは持ち続けないようにしましょう。

ちなみに、私自身もトレンドと反対方向のポジションを持ち続けて大きな損失を出したことが何度かあります。今は絶対にしないようにしています。

持ち続けるのは、トレンドと同じ方向のポジションだけです。

POINT
ポイント

トレンドと反対方向のポジションを持ち続けると、大きな損失を出してしまう可能性がある。

上昇トレンド中にはショートのポジションを持ち続けない。

下降トレンド中にはロングのポジションを持ち続けない。

すごコツ 55

短期スパンのトレードではナンピンをしない

ＦＸのデイトレではナンピンをしません。

ナンピンとは、複数回に分けて仕掛け、建値の平均値を有利にすることです。

たとえば、レートが１３５円のときにロングで１万通貨のポジションを持ち、その後、レートが１３４円まで下がったときにロングで１万通貨のポジションを持ちます。

建値の平均値は１３４・５０円になります。建値の平均値が下がるわけです。

上手く仕掛けると、一時的に含み損が出ていたポジションでも、利益を出せます。

私がＦＸのデイトレでナンピンをしない理由は、過去に大きく負けたからです。大きく負けたトレードの敗因を分析すると、ほとんどがナンピンをしていました。

「短期スパンのトレードではナンピンをしないほうがいい」と思っています。ナンピンで粘ると、短期スパンではなくなってしまいます。時間軸が変わってしまいます。短期スパンのトレードでは含み損が出たら、ロスカットで対処したほうがいいでしょう。

もちろん、ナンピンをする、しないは読者の方の自由ですが、なるべく、ロスカットで対処しましょう。

POINT
ポイント

ナンピンは大きな負けにつながることがあるので、含み損が出たときはなるべく、ロスカットで対処する。

すごコツ 56

ナンピンをする場合は必ずルールに従って行う

ポジションに含み損が出ると、すぐにナンピンをしてしまう人がいます。

ナンピンは上手く行えば利益につながる確率が高くなります。

しかし、大きな損失につながる確率も高くなるといえます。

そのため、トレードが上手くなるまでは、なるべく、ナンピンをしないようにし、ロスカットで対処することが大切です。とくに小さな値幅を狙うトレードや、スパンの短いトレードでは、必ずロスカットで対処するようにしましょう。

もし、ナンピンをするのであれば、必ずルールを作って、そのルールに従って行いましょう。

ポジションの大きさやナンピンをするタイミングなどをルールとして決めておくのです。

私の場合、ＦＸでナンピンをすることはほとんどありません。

株のトレードでは時々するのですが、きちんとルールを設けています。

私の公式サイトに、「株トレードでのナンピン・ルール」についてまとめた記事があります。

公式サイトのURLは巻末の著者プロフィール欄に記載しているので、興味がある方は読んでみてください。

POINT
ポイント

ナンピンをするのであれば、必ずルールを作って、そのルールに従って行う。

すごコツ 57

トレンドと逆の方向を狙ったポジションのナンピンはしない

ナンピンをするときに大切なのは、「トレンドと逆の方向を狙ったポジションは建てない」ことです。

ナンピンで大きな損失を出してしまう人のほとんどは、トレンドとは逆方向を狙ったポジションを増やしていきます。

たとえば、「上昇トレンド中なのに、ショートでナンピンをしていく」「下降トレンド中なのに、ロングでナンピンをしていく」というように、トレンドの方向とは逆方向を狙ったポジションを増やしていきます。

トレンドと逆なので、明らかに分が悪いといえます。

必ず以下のようにしましょう。

【ロングでナンピンをする場合】

・上昇トレンドのときだけに行う

・下降トレンドのときはロングのナンピンをしない
・上昇トレンドが終わったら、ロングでナンピンしたポジションはイグジットする(たとえ、ロスカットという形になってもポジションを手放すこと)

【ショートでナンピンをする場合】
・下降トレンドのときだけに行う
・上昇トレンドのときはショートのナンピンをしない
・下降トレンドが終わったら、ショートでナンピンしたポジションはイグジットする

これを守っていれば、ナンピンで大きく損をする確率は低くなります。また、ナンピンで利益を得られる確率も高くなります。

POINT
ポイント

ロングでナンピンをするなら、上昇トレンドのときだけにする。ショートでナンピンをするなら、下降トレンドのときだけにする。

すごコツ 58

ナンピンかロスカットかで迷わない

ロスカットしたほうがいいのか、それともロスカットしないでナンピンをしたほうがいいのか。

この疑問についての見解をＳＮＳで時々見かけます。

実際、トレードで含み損が出たときに、ロスカットかナンピンのどちらにしようか迷う方もいることでしょう。

私は含み損が出たらロスカットします。ナンピンはしません。

スパンの短いトレードやわずかな値幅を狙うトレードでは、ナンピンはしないほうがいいでしょう。

含み損が出たら、スパッとロスカットする。

そして、またいいタイミングがあれば積極的に入っていく。

デイトレやスキャルピングのメリットの１つは、「おいしいところだけをつまめること」だと思っています。レートが上がるところだけをロングのポジションを持って利益を得る、レートが下がるところだけをショートのポジションを持って利益を得る。

ナンピンをするということは、下がっているところでもロングのポジションを持っている、上がっているところでもショートのポジションを持っている、ということになります。効率が悪いといえるでしょう。

デイトレでは効率の良いトレードをしましょう。

POINT
ポイント

スパンの短いトレードやわずかな値幅を狙うトレードではナンピンをしないほうがいい。含み損が出たときはナンピンをせずにロスカットする。

すごコツ 59

大きな損失が出てしまったときは席を立つ

大きな損失が出てしまったときは、決済した後、すぐに席を立ちましょう。トレードしている場所から一旦離れることが大切です。

なぜ、トレードをしているところから離れるのでしょうか。

それは、冷静さを取り戻すためです。

大きな損失が出てしまうと、どうしても、すぐに取り戻そうとしてしまいます。すると、無理なトレードをしがちです。根拠のないところでエントリーしたり、大きなポジションでエントリーしてしまいます。

それで、上手く取り戻せればよいのですが、逆にさらに大きな損失を出してしまうこともあります。

こういった無理なトレードをしないためにも、一旦、気持ちを落ち着かせることが大切なのです。

それには、一度、トレードしている場所から離れて、別なことをすると効果的です。

私はよく、フローリングの掃除をしました。雑巾がけです。雑巾がけしているうちに、自然と気持ちが落ち着きました。

そして、席に戻り、トレードを再開しました。

私と同じように雑巾がけをする必要はありませんが、トレードをしているところから離れて、何か別なことをしましょう。そして、気持ちが落ち着いたと思ったら、席に戻ってトレードを再開しましょう。

POINT
ポイント

大きな損失が出てしまったときは席を一旦離れ、何か別なことをして気持ちを落ち着かせる。

すごコツ 60

大きな損失が出たときは、1回のトレードで取り戻そうとしない

小さな値幅でロスカットをしていれば、大きな損失を出すことはあまりないと思います。しかし、レートが急に大きく動いたりして、ロスカットが間に合わず、大きな損失を出してしまうこともあるはずです。

もし、大きな損失が出てしまったら、1回のトレードで取り戻そうと思わないことが大切です。

なるべく、少しずつ取り戻すようにしましょう。

私の場合は、2、3日かけて取り戻すようにしています。

たとえば、「今日は（損失額の）1／3だけ取り戻そう」「今日は半分だけ取り戻そう」というように、損失額の大きさやそのときの調子、相場のボラティリティによって、何日かけて取り戻すかを決めています。

無理のないようにすることが大切です。「このくらいなら1日で取り戻せる」という金額に

しています。
こうすることで、精神的に少し楽になり、普段通りのトレードができるようになります。

POINT
ポイント

大きな損失が出たときは1回のトレードで取り戻そうとしないで、2、3日かけて取り戻すようにする。

第4章

スキルアップ編

すごコツ 61

トレードノートをつける

トレードが早く上手になりたいと思っている方は、トレードノートをつけましょう。

トレード中に気付いたことをどんどん書いていきます。

また、トレードの結果も書いておきましょう。

- **日時**
- **通貨ペア**
- **ロングかショートか**
- **トレードの収支はプラスかマイナスか**
- **何を根拠にエントリーしたのか**
- **このトレードで気づいたこと**

スキャルピングやデイトレでトレード数が多い場合は、何か気付いたトレードだけでいいでしょう。すべてのトレードについて書くと時間がかかってしまいます。その分の時間を別のことに使ったほうがいいと思います。
１日のトレードを振り返ってノートに書いていくと、気付きがあるものです。その気付きを活かすことで稼げるようになったり、勝率が高くなることもあります。

POINT
ポイント

トレードが早く上手になりたいのならトレードノートをつける。トレード中に気付いたことや1日のトレードを振り返って、気付いたことをノートに書き込む。

すごコツ 62

自分が勝ちやすい状況と負けやすい状況を知る

トレードを長く続けていると、「自分が勝ちやすい状況」と「負けやすい状況」があることに気付きます。

この２つの状況を知っておくことが大切です。

そして、自分が勝ちやすい状況だけでトレードをする。負けやすい状況ではトレードしない。

では、この２つの状況はどのようにすればわかるのでしょうか。

方法はいくつかありますが、最も簡単なのはボリンジャーバンドを使う方法です。

普段使っているチャートにボリンジャーバンドを表示させます。

そして、自分が勝ったトレードのエントリーポイントとイグジットポイントに印をつけます。

数多くの勝ちトレードを分析すると、「ボリンジャーバンドがどのような形のときに勝ちやすいのか」ということがわかってきます。レートがボリンジャーバンドのどの位置にあるのか、バンドの幅がどのようなときなのか。

同様に、自分が負けたトレードのエントリーポイントとイグジットポイントに印をつけます。「ボリンジャーバンドがどのような形のときに負けやすいのか」ということがわかってきます。

POINT
ポイント

チャートにボリンジャーバンドを表示させ、自分が勝ったトレードのエントリーポイントとイグジットポイントに印をつける。「自分はボリンジャーバンドがどのような形のときに勝ちやすいのか」ということを知る。

すごコツ 63

負けトレードの敗因を分析する

継続して勝てる方法というのはなかなか見つかるものではありません。

しかし、負けを減らす方法は意外とすぐに見つけられます。

自分自身の負けトレードを分析し、敗因を突き止めればいいのです。

あるとき、ロングでエントリーした直後にレートが反転してしまい、すぐに含み損が出てロスカットしたことがありました。レートが勢いよく上昇していたので、「まだまだ上昇が続く」と思っていたのですが、エントリーした直後にレートが反落してしまったのです。

トレードを終えた後に、この敗因を分析しました。

すると、エントリーしたところは上位足の上ヒゲ部分（上ヒゲの価格帯）だったのです。「売り圧力が強い部分」だったわけです。

この後、上位足の上ヒゲ部分でロングエントリーするときや、上位足の下ヒゲ部分でショートエントリーするときは慎重になりました。

このように負けトレードから敗因を分析し、それを今後のトレードに活かしていけば、負けトレードを減らすことができます。

POINT ポイント

負けトレードの敗因を分析して、その後のトレードに活かす。

すごコツ 64

数多くのチャートを見る

チャートを使ってトレードをしているのであれば、毎日、数多くのチャートを見たほうがいいでしょう。

数多くのチャートを見ることで、「チャートがこのような形のときはレートが上がりやすい」「チャートがこのような形のときはレートが下がりやすい」ということがだんだんわかってきます。

私は毎日、数多くのチャートを見てきました。今でも見ています。

見るといっても、ただ見ていたのでは効率が悪いので、以下のポイントを重点的に見ましょう。

- レートが反転したところ
- 移動平均線の近辺
- ホリゾンタルラインの近辺

まずはレートが反転したところを重点的に見ていきましょう。チャートがどのような形で反転したのか。何か共通パターンはないのか。

次に、移動平均線やホリゾンタルラインの近辺を見ていきましょう。チャートがどのような形で反転したのか、どのような形でラインを抜けていたのか。

もちろん、自分自身の手法が決まっている場合は、その手法でのエントリーポイントやイグジットポイントを見ていきましょう。

POINT
ポイント

チャートを使ってトレードをするのであれば、毎日、数多くのチャートを見る。

すごコツ 65

実際の資金を使って練習する

デモトレードやエアトレードで練習をしている方もいることでしょう。

デモトレードとは、ＦＸの取引会社が提供している「デモ口座」を使ったトレードです。架空の資金でトレードするため、実際の資金が増減することはありません。

エアトレードとは、実際の資金を使わずに、エントリーやイグジットしたと仮定して行う「仮想売買」のことです。

これらを使った練習は効果があるのでしょうか？

結論からいうと、一定の効果はあると思いますが、大きな効果はないでしょう。

なぜなら、実際に資金を使わないトレードと使ったトレードでは、あなたの心理状態が異なるからです。やはり、デモトレードやエアトレードは「自分のお金をリスクに晒す恐怖」がないので、実際のトレードとは心理状態が異なります。

たとえば、デモトレードやエアトレードで利益を大きく伸ばせたとします。

でも、実際のトレードでは含み益が出ると「早く利益を確定したい」という思いが強くなるので、利益を大きく伸ばせるかどうかわかりません。

また、デモトレードやエアトレードでロスカットが上手くできたとします。

でも、実際のトレードでは含み損が出ると「損をしたくない」「損失を確定させたくない」という思いが強くなるので、決めたタイミングでロスカットできるかどうかわかりません。

このように、自分のお金をリスクに晒したときと晒さないときでは心理状態が違うので、同じようなトレードができるとはかぎらないわけです。むしろ、できないことのほうが多いでしょう。

デモトレードやエアトレードで練習するのではなく、小さなロットでもかまわないので、実際の口座で実際の資金を使って練習したほうがよいと思います。私もデモトレードやエアトレードはやったことがありません。小ロットで練習をはじめて、少しずつロットを大きくしていきました。私が直接教えている人にも、同じように小ロットで練習をはじめてもらい、少しずつロットを大きくしてもらいました。

POINT
ポイント

デモトレードやエアトレードで練習しても大きな効果は得られない。小さなロットでもかまわないので実際の資金を使って練習する。

すごコツ 66

2pipsロスカット練習法でスキャルピングの技術を身につける

スパンの短いトレードで継続して勝つには「技術」が必要です。スパンが短ければ短いほど、高度な技術が必要になります。

スパンが短くなりやすいスキャルピングでは、高度な技術がなければ継続して勝てないといってもいいでしょう。

トレードの技術は本やインターネットの情報を読んだだけでは身につきません。実際のトレードによって経験を積むことで身につくものです。

しかし、ただトレードしていたのではなかなか身につきません。

では、どのようにすれば早く身につくのでしょうか。

練習方法はいくつかありますが、私がすすめているのは「わずかな値幅でロスカットを繰り返す」という方法です。

①自分のトレードスタイルでエントリーする

②2pipsの含み損が出たらすぐにロスカットする

③2・5pips以上の含み益が出たら利食いする

まずは①と②にだけに集中しましょう。①のエントリーと②のロスカットだけに集中し、③の利食いについては考えない。

この練習を続けることで、以下のことがきちんとできるようになります。

- **ロスカットができるようになる**
- **損小利大のトレードができるようになる**

初めは小さなロットで練習していきましょう。

POINT
ポイント

スキャルピングは高度な技術がなければ継続して勝てない。
2pipsの含み損が出たらすぐにロスカットする練習法で、スキャルピングの技術を身につける。

すごコツ 67

「気付き」を自分のトレードに上手く取り入れる

トレードで継続して勝てるようになるには、何かが「きっかけ」になることが多いです。

そのきっかけはいくつかありますが、1つは「気付き」です。よく、勝っているトレーダーが「気付きをきっかけにして勝てるようになった」といいます。

私も株のデイトレでは「気付き」がきっかけで勝てるようになりました。

株のデイトレでは、リバウンド狙いの手法をメインにしています。株価が下落したタイミングで買い、少し戻ったタイミングで売ります。こういったトレードを1日に何十回も繰り返すわけです。1回で得られる利益は多くないのですが、手数が多いので、1日の利益はそれなりに多くなります。勝率が極めて高いので、手堅く稼げる手法です。

リバウンド狙いを始めた頃は勝率がそれほど高くなかったため、あまり稼げませんでした。

しかし、あるトレードで勝ったときに気付きがありました。

「なんだ、こうすれば勝てるのか」と、あることに気付いたわけです。

もちろん、気付きがあっただけでは、トレードで継続して勝てるようにはなりません。

その「気付き」を自分のトレードに上手く取り入れることで、株デイトレのリバウンド狙いで継続して勝てるようになりました。

「気付き」があったら、それを自分のトレードに上手く取り入れましょう。

POINT
ポイント

「気付き」がきっかけでトレードで継続して勝てるようになることがある。「気付き」があったら、それを自分のトレードに上手く取り入れる。

すごコツ 68

気付く確率を上げる

「気付き」がきっかけでトレードで継続して勝てるようになることがあるといいましたが、では、どのようにすれば「気付き」があるのでしょうか。

トレード経験が豊富でも、「気付きがまったくない」という方もいます。実際に、ある方から「気付きがまったくないので、どうしたらよいのか」といった相談を受けたことがあります。

「こうすれば、必ず気付きがある」という方法はないのですが、気付く確率を上げる方法はあります。

以下の３つです。

①トレードについて考える時間を長くする

②勉強する

③勝ちやすい状況を考えながらトレードする

トレードについて考える時間が長ければ長いほど、気付く確率が高くなります。

「どうすれば、トレードで勝てるようになるのか」といったことをひたすら考えましょう。

勉強することでも、気付く確率が高くなります。

トレード関連の本やトレーダーのＳＮＳなどを読んで、勉強するのもいいでしょう。

勝ちやすい状況を考えながらトレードすることでも、気付く確率が高くなります。

ただ単に、「勝った、負けた」「儲かった、損した」といったことだけを考えながらトレードするよりも、「自分のトレードスタイルでは、どのような状況で勝ちやすいのか」といったことを考えながらトレードするほうが、気付く確率が高くなります。

POINT
ポイント

気付く確率を上げる方法は「トレードについて考える時間を長くする」「勉強する」「勝ちやすい状況を考えながらトレードする」の3つ。

すごコツ 69

「仮説と検証」を繰り返す

トレードで継続して勝てるようになるきっかけは、「気付き」のほかにもあります。「仮説と検証」もその1つです。

仮説を立てて、それを検証するということです。

①「こういった状況になると、レートが上がる（下がる）のでは」という仮説を立てる
②仮説が正しいかを検証する
③正しければ、エントリーのルールを考えてトレード方法にする
④ルール通りにトレードして利益が出るかを検証する

まずは、「こういった状況になると、レートが上がる（下がる）のでは」という仮説を立てます。

そして、実際にその通りになるのかを検証します。

その通りになるのであれば、今度はエントリーのルールを考えてトレード方法にします。

そして、またそのルールで利益が出るのかどうかを検証するわけです。

これで利益が出るようであれば、トレードで継続して勝てるようになるというわけです。

立てた仮説のほとんどは、検証しても良い結果が出ません。間違っています。

そのため、数多くの仮説を立て、それを検証しなければなりません。

たった1つでも上手くいけば、トレードで継続して勝てるようになるわけです。

チャレンジしてみる価値はあると思います。

ちなみに、私の場合、ＦＸのデイトレはこの方法で勝てるようになりました。

POINT
ポイント

「仮説と検証」を繰り返して、継続して勝てる方法を見つける（作る）。

すごコツ 70

トレード手法やトレードルールを改良していく

自分のトレード手法やトレードルールができたら、それらを改良していく必要があります。

主に以下のような改良をします。

- **勝ちトレードを増やす**
- **負けトレードを減らす**
- **より多くの利益を得られるようにする**
- **無駄なエントリー（利益に繋がらないエントリー）をなくす**
- **エントリーのタイミングをわかりやすくする**
- **リスクをより小さくする**

この方法も、トレードで継続して勝てるようになる「きっかけ」をつかむ方法と同じです。

「気付き」や「仮説と検証」を基に改良していきましょう。

私がメインとして使っているデイトレ手法は、利益が出るようになってから5年以上かけて改良しました。今でも、気付きがあれば、改良しています。株のトレード手法も同じように、利益が出るようになってからも気付きがあれば改良しています。

POINT
ポイント

自分のトレード手法やトレードルールができたら、それらを常に改良していく。

すごコツ 71

トレードで継続して稼げる方法は自分で作り上げる

トレードで継続して稼げる方法はあります。

それをどのようにして手に入れるかは、以下のどちらかです。

- **本やインターネット上で見つける**
- **自分で作る**

私自身、トレードに関する書籍をたくさん読みました。しかし、継続して勝てる方法が書いてあるものはありませんでした。

また、ネット上で多くの情報を漁りましたが、やはり、継続して勝てる方法はありませんでした。勝てそうな情報はたくさんあるのですが、継続して勝てるというものではありません。一時しか通用しないような方法が多いのです。

私と同じように、書籍やネット上で勝てる方法を探した方はたくさんいるのではないでしょうか。これといった情報はなかったはずです。

いくら探しても見つからないので、私は早くから自分で作ると決めました。

株のトレード手法については、トレーダーの間で流行っていたリバウンド狙い手法を改良して精度を高めていきました。先にも述べた通り、「気付き」があり、それをトレードに上手く取り入れることで精度が高くなったわけです。

ＦＸのトレード手法については、仮説と検証を繰り返しながら、一から作り上げました。継続して稼げる方法をネット上で探している人は多いでしょうが、なかなか見つからないと思います。自分で作り上げたほうが早いはずです。

POINT
ポイント

継続して稼げる方法をネット上で探しても、なかなか見つからない。継続して稼げる方法は自分で作り上げたほうが早い。

第5章

思考編

すごコツ 72

負けたとしても自分のトレードルールの結果であるならば気にしない

トレードはどのような方法でも全戦全勝というわけにはいきません。負けるときもあるわけです。

負けたとしても、自分のトレードルール、手法、トレードスタイルによる結果であるならば、気にしなくてもよいでしょう。

もちろん、大きな負けであれば、その敗因を考えて今後のトレードに活かさなければなりません。

しかし、大きな負けでなければ気にすることはないと思います。

あまり気にすると、かえってトレードが乱れてしまいます。

スキャルピングやデイトレの場合、トレード回数が多いので、負けたことをいちいち気にしていたのでは精神的に参ってしまいます。

私の場合は負けても、「この損失額を含めて期待値が高い手法なので気にすることはない」

と自分にいい聞かせています。こうするようになってからは、負けても嫌な気持ちを引きずらなくなりました。

POINT
ポイント

負けたとしても、自分のトレードルール、手法、トレードスタイルでの結果であるならば、気にしないこと。

すごコツ 73

目前の利益を諦めて大きな利益を狙う

大きな利益を狙うときは、そのトレードでの利益を諦めるようにしています。

そうしないと、すぐに利益を確定したくなってしまうからです。

読者の方も同じような経験があると思いますが、含み益が出るとすぐに利益を確定したくなります。含み益がなくならないうちに早く利益を確定しようという思いが強いからです。

そして、利食いした後、さらに大きく伸びるレートを見て、「失敗した。利食いが早すぎた」と思って、小さな含み益で利食いしてしまったことを後悔するわけです。

私自身、大きな利益を狙えそうなところでも早く利食いしてしまうことが多く、なかなか改善することができませんでした。

しかし、考え方を変えたら、あっさりとできるようになりました。

それは、「そのトレードでの利益を諦める」という考え方です。

もちろん、トレードでは利益を狙うのですが、利益を大きく伸ばすために一旦は諦めるということです。

たとえば、「10pips分の含み益」が出ていたとします。トレンドが発生しているので大きな利益が狙えそうです。この場合、すでに出ている「10pips分の含み益」を諦めます。「なかった」と思うのです。そして、利食いしないでポジションをそのままにするわけです。

このトレードでの利益を諦めているわけですから、含み益が少し増えたり、減ったりしても気にはなりません。利食いしようとも思いません。

このような考え方をするようになってからは、大きな利益が狙えそうなチャンスではしっかりと大きな利益を得られるようになりました。

もちろん、含み益がある程度、大きくなったら利食いします。利益を諦めたといっても本当に諦めたわけではないからです。

含み益が出るとすぐに利食いしたくなってしまう方は、一度試してみてください。

POINT
ポイント

大きな利益を狙うときは、そのトレードでの利益を（一旦）諦める。

すごコツ

74

小さな利益が積み上がってきたら大きな利益を狙う

現在、私のＦＸでのトレードはスキャルピングに近いデイトレがメインです。数pipsの含み損が出たらすぐにロスカット、数pipsの含み益が出たら利食い。このようなトレードを１日に数十回繰り返します。

安定して利益を得られるのですが、大きな利益を得るのはなかなか難しいです。

そのため、利益が積み上がってきて精神的に余裕が出たら、大きな利益を狙うトレードをしています。

エントリーして、すぐに含み益が出たとします。すでに利益が積み上がっている状況なので、「このトレードの利益はなかった」と考えます。スキャルピングのタイミングで利食いしないで、含み益をそのままにします。

トレンドに対して順張りでエントリーしているので、上手くいくと含み益が大きくなります。含み益が大きくなったら、どこかのタイミングで利食いします。

上手くいかなかった場合は、建値で決済します。
レートが急激に変動しないかぎり損失が出ることはありません。
このようなトレードが1日に1回でもあると、その日は利益が大きくなります。

POINT
ポイント

小さな利益が積み上がってきて精神的に余裕が出たら、大きな利益を狙う。

すごコツ 75

「調子が悪い」ときは「勝ちトレードの偏り」を作る

トレードを長く続けていると、「調子が悪い」と感じるときがあります。

「上手く流れに乗れない」「ツキがない」「やることが裏目に出てしまう」というようなときです。

自分のトレードルールに従ってきちんとトレードしていても、このようなことはあります。

読者の方も同じような経験があると思います。

なんとかして、このような状況から抜け出したいものです。

私はこのようなとき、小さな値幅でもかまわないので、連勝するようにしています。

数pips分でもかまわないので、連勝する。できれば、テンポよく、続けて勝つ。

そして連勝した後に、「上手くいっている。調子は悪くない」と自分にいい聞かせています。

確率上、勝ちトレードと負けトレードには偏りがあります。負けトレードが続くこともあり、

そういったときに、「調子が悪い」と感じることもあるわけです。

そのため、小さな値幅でもかまわないので、「勝ちトレードの偏り」を作る。そして、「調子は悪くない」と自分にいい聞かせるわけです。

POINT ポイント

調子が悪いときは小さな値幅でもかまわないので、連勝する。「調子は悪くない」と自分にいい聞かせる。

すごコツ 76

リベンジトレードをしない

リベンジトレードをしない、ということも大切です。

リベンジトレードとは、負けを取り戻そうとするトレードのことです。

もちろん、「負けを取り戻す」という気持ちは大切です。

しかし、根拠や優位性がないところで無理やりエントリーしたり、大きな資金でエントリーしたりするのは危険です。

リベンジトレードをして負け分を取り戻せることもあるでしょう。

しかし、損失がさらに大きくなってしまうこともあり得ます。

かつて、私はよくリベンジトレードをしました。負けてしまうとつい熱くなってしまい、その負け分をすぐに取り戻そうとします。ロスカットしたのに、またすぐにエントリーしてしまいます。

よくやってしまったのが、逆張りでのリベンジトレードです。上昇トレンド中なのにショートでエントリーしてしまい、含み損が出てロスカットする。そしてすぐに、またショートでエントリーする。その後、含み損が出てロスカットする。こういったことを何度も繰り返してしまいました。

仮に、リベンジトレードで損失を取り戻せたとしても、それが癖になってしまい、また同じようなことをしてしまいます。そしていつかは、大きな損失になってしまうはずです。

リベンジトレードで損失を取り戻せたとしても、トレーダーとしては成長しません。

むしろ、リベンジトレードをしないほうがトレーダーとしては成長します。

たとえ大きな損失が出たとしても、リベンジトレードはしないようにしましょう。

POINT
ポイント

リベンジトレードで損失を取り戻せたとしても、トレーダーとしては成長しない。

すごコツ 77

トレードに対しての「真の自信」を獲得する

自分のトレードに対して自信を獲得することはとても大切です。

「自信を持つ」ではなくて、「自信を獲得する」です。

実績もないのに自信を持っても仕方がありません。トレードにとってマイナスになるだけです。自信過剰になると、リスクに対して鈍感になりがちだからです。

私も専業になる前はよく勘違いをしました。勝ちトレードが少し続くと自信を持ってしまい、トレードが雑になってしまう。含み損が少し出ても「このくらいなら大丈夫」と思って放置してしまう。その結果、含み損が大きくなってしまい、大きな損失を出してしまう。

また、大した根拠もないのに「大丈夫。勝てる」と思ってしまい、エントリーしてしまう。

その結果、大きな損失を出してしまう。

このようなことを繰り返してきました。

では、「真の自信」とはどのようにして獲得するものなのでしょうか。

この答えはすでに述べています。

先ほど「実績もないのに自信を持っても……」と述べたように、自信を獲得するには「実績」が必要なのです。

長い期間をかけて地道に勝ちトレードを繰り返していくうちに、実績が積み上がります。その実績に比例して、「自信」も積み上がっていくと考えています。

たとえば、「ここ3年間は毎月、利益を出しているので大丈夫」というように、長い期間かけて積み上げた実績によって自信を獲得するわけです。

逆に考えれば、「短い期間での実績による自信」は「真の自信」ではないということです。「真の自信」を獲得するために、日々、地道に勝ちトレードを重ねていきましょう。

POINT
ポイント

自分のトレードに対しての自信は、「長い期間かけて積み上げた実績」によって獲得する。

すごコツ 78

獲得した自信でメンタルをコントロールする

自信を獲得することによるメリットはいくつかあるのですが、主なものは以下の2つです。

①トレードでのストレスが軽減する

②エントリーするべきタイミングで自信を持ってエントリーできる

1つは、「トレードでのストレスが軽減する」ことです。

トレードにはストレスがつきものです。リスクを取って行うわけですから、ストレスがあるのは当然です。

とくに、負けが続いたときには大きなストレスを抱えることになります。

しかし、自分のトレードに対して自信を獲得していれば、そのストレスをかなり減らすことができます。

「負けが続いているが大丈夫。今までも勝ってこれたから大丈夫」

このように、自分にいい聞かすことができます。

ストレスがまったくなくなるわけではありませんが、それでもだいぶ減らすことができるでしょう。

もう1つは、「エントリーするべきタイミングで自信を持ってエントリーできる」ことです。

自分のトレードに自信がないと、どうしてもエントリーするときに不安がよぎります。「上手くいかないのではないか」「損をするのではないか」。このように思うと、エントリーのタイミングを逃してしまうことがあります。

しかし、実績によって自信を獲得していれば、迷わずエントリーできます。

「今までも勝ってこれたから大丈夫」

このように、自分にいい聞かすことができます。

まずは実績によって、自分のトレードに対しての自信を獲得する。そして、その自信を上手く利用して、メンタルをコントロールしていきましょう。

POINT
ポイント

自分のトレードに対しての自信を獲得すれば、トレードでのストレスが軽減するし、自信を持ってエントリーできるようになる。

すごコツ 79

自分の理想とするトレーダー像をより具体的にイメージする

「FXで稼げるようになりたい」

「FXで儲けたい」

このように思っていても、なかなか稼げるようなトレーダーにはなりません。

もっと具体的にイメージすることが大切です。

私の場合、最初は株トレードでしたが、「毎日稼げるようなトレーダーになりたい」と思いました。

「爆益でなくてもよいので、毎日利益が得られるようなトレーダーになりたい」と思ったわけです。

このように具体的にイメージすることで、どのようなトレードをしていけばよいのか、ということがわかってきます。

その結果、私の場合は、「リバウンド狙いのデイスキャ」をメインにしたトレードスタイルが確立されていったのです。

リバウンド狙いのデイスキャは1回のトレードで得られる利益が少ないのですが、技術によって「運に左右される部分」を小さくすることができるので、手堅く稼げます。

そのため、毎日のように利益を得られるようになりました。

単に「稼げるトレーダーになりたい」ではなく、より具体的に「毎日稼げるようなトレーダーになりたい」と思ったからこそ、デイトレで確実に稼げるトレーダーになれたのだと思います。

POINT ポイント

自分の理想とするトレーダー像をイメージする。より具体的にイメージするほうが理想に近づきやすい。

すごコツ 80

専業トレーダーになるためには3つの条件をクリアする

読者の中には「専業トレーダーになりたい」という方もいることでしょう。

トレードだけで生計を立てることに、憧れを持っている方もいるはずです。

一度きりの人生なので、「自分のやりたいことをやってみる」ということはいいことだと思います。


過去に何度か、「専業トレーダーになるための条件」を聞かれたことがあります。

私が教える専業トレーダーになるための条件は、以下の２つです。

①資金は最低でも３００万円以上

②月の利益は生活に必要な金額の3倍以上

ＦＸでは株トレードに比べると高いレバレッジをかけられるので、トレードの資金はそれほど多くなくてもよいでしょう。

しかし、３００万円は必要だと思います。

1ヵ月の利益は、生活に必要な金額の3倍以上は必要でしょう。トレードの利益には波があるので、生活に必要な金額ギリギリというのはよくないでしょう。生活に必要な金額は余裕で稼げるくらいでなくてはなりません。3倍以上であれば、毎月資金が増えていくことになります。精神的にも余裕を持ってトレードができるでしょう。

そして、専業トレーダーになるための条件はもう1つあります。

それは、「勝ちトレードを再現できる技術を持っていること」です。

じつはこれが最も重要な条件です。

いくら資金があっても、勝ちトレードを再現できなければ、資金がなくなってしまうこともあり得ます。

また、相場によっては生活に必要な金額を稼げなくなってしまうこともあり得ます。

勝ちトレードを再現できる技術を持っていれば、そのようなことはないでしょう。

POINT ポイント

専業トレーダーになるために最も重要な条件は「勝ちトレードを再現できる技術を持っていること」。

〈著者略歴〉　**二階堂 重人**（にかいどう・しげと）

専業トレーダー。テクニカル分析を駆使したデイトレードやスイングトレードが中心。株、FXの双方で月間ベースでは８割以上という驚異の勝率を叩き出し、波乱の相場環境でも着実に利益を重ねている。著書は50冊以上、累計101万部。
主な著書に、『一晩寝かせてしっかり儲けるオーバーナイト投資術』（東洋経済新報社）、『最新版 これから始める株デイトレード』『株トレード　１億円を目指すチャートパターン』（日本文芸社）、『株ブレイクトレード投資術 初心者でも１億円！ 相場に乗って一財産築く、大勝ちの法則』（徳間書店）、『世界一わかりやすい！ FXチャート実践帳 スキャルピング編』『世界一わかりやすい！ FXチャート実践帳 トレンドライン編』『世界一わかりやすい！ FXチャート実践帳 スイングトレード編』（あさ出版）、『株 デイトレードのすごコツ80』『最新版 株デイトレードで毎日を給料日にする！』『株トレード カラ売りのルール』『FX常勝のトレードテクニック』『FX常勝の平均足トレード』『FX常勝の平均足ブレイクトレード』『FXトレードレッスン【厳選35問】』『ビットコインのデイトレード 儲けのルール』（すばる舎）などがある。

【公式サイト】https://二階堂重人.com
【ツイッター】@shigeto_nikaido

編集 ―野口英明
DTP 制作 ―加藤茂樹

FX デイトレードのすごコツ 80

2023 年 6 月 14 日　第 1 刷発行

著　者――二階堂 重人
発行者――徳留 慶太郎
発行所――株式会社すばる舎
〒 170-0013　東京都豊島区東池袋 3-9-7 東池袋織本ビル
TEL　03-3981-8651（代表）　03-3981-0767（営業部）
FAX　03-3981-8638
URL　https://www.subarusya.jp/
装　丁――菊池 祐（ライラック）
印　刷――株式会社光邦

落丁・乱丁本はお取り替えいたします

ISBN978-4-7991-1119-2

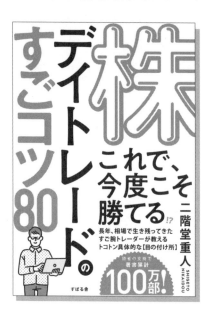

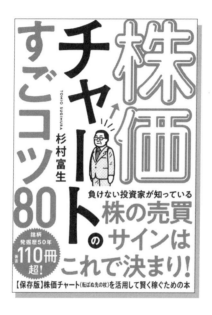